U0553491

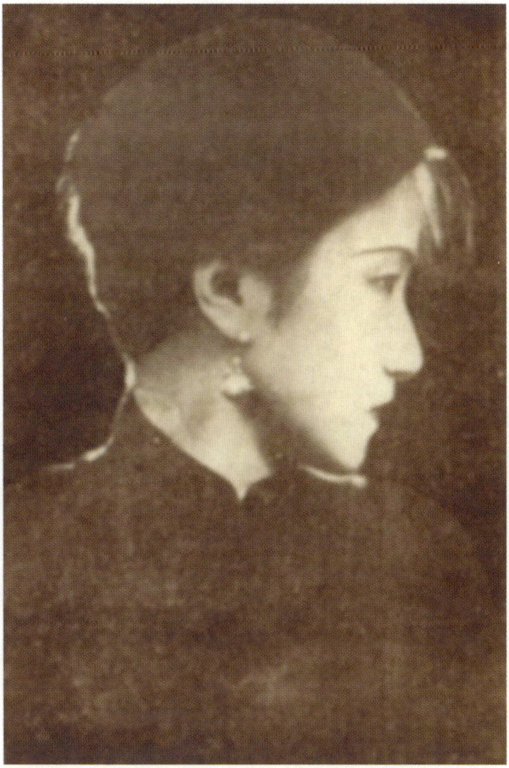

陈建华

著

陆小曼·1927·上海

商务印书馆
The Commercial Press

图书在版编目(CIP)数据

陆小曼·1927·上海 / 陈建华著.—北京：商务印书馆，2017
ISBN 978-7-100-13057-8

Ⅰ.①陆… Ⅱ.①陈… Ⅲ.①陆小曼（1903—1965）—生平事迹 Ⅳ.① K825.6

中国版本图书馆 CIP 数据核字（2017）第 054152 号

权利保留，侵权必究。

陆小曼·1927·上海

陈建华 著

商 务 印 书 馆 出 版
（北京王府井大街 36 号 邮政编码 100710）
商 务 印 书 馆 发 行
山东临沂新华印刷物流集团
有 限 责 任 公 司 印 刷
ISBN 978-7-100-13057-8

2017 年 5 月第 1 版　　　开本 889×1092　1/16
2017 年 5 月第 1 次印刷　　印张 8.5
定价：56.00 元

目 录

001　　**自　序**

001　　陆小曼"风景"内外

037　　云裳公司必杀史

101　　1927年上海戏台风云

243　　**附　录**

245　　小言 / 徐志摩

251　　自述的几句话 / 陆小曼

255　　请看小兰芬的三天好戏 / 陆小曼

自 序

上世纪末的一个暑假,我从美国回来收集与周瘦鹃有关的资料,除周末天天泡在开放不久的上图新馆的近代文献阅览室里。那时,民国时期的报纸杂志一般还能够看到原件;有几天在翻《上海画报》见到许多周瘦鹃的文章,欣喜不已。这是"鸳鸯蝴蝶派"文人办的一份画报,流行于二十年代后半期,从名流明星、八卦轶闻、鼎彝字画、新剧旧戏到三教九流应有尽有,图文穿插夹七杂八,排字密麻老式标点,大约我去国已久积聚了不少乡愁,又受了张迷的魅染,对于充塞其间的"雾苏"相见怪不怪,好像是嗅到了从前灶片间到亭子间的弄堂生活的气息。

翻着翻着,不断映入眼帘的是陆小曼的照片,刊登在头版，多为半身像，仪态万方，端的是美人，与画报刊登的其他名媛淑女相比，别具气质和风韵。她的照片集中出现在二十年代末的数年间，其时她与徐志摩结婚之后都住在上海。我一面翻着一面纳闷，陆小曼与这份旧派小报殊为亲昵，总觉得不那么搭配。

影像中的陆小曼大多天真而清新，但有一张很特别，乍见之下心头一颤。背景、头发与衣服全呈深褐色，头发剪短如俊男，高光衬出脸部，从衣领看是正面坐着，脸朝右侧九十度显得紧张，耳坠悬铃，目光略朝下，神色凝重，鼻子线条清晰柔和，有一种说不出的悲剧意味。

当时不暇细究，连同周瘦鹃的材料一起复印了带回了美国。不久进入新千禧年，电视剧《人间四月天》之后不断煽起徐、陆的话题。那时我已在香港教书，觉得《上海画报》上陆小曼的情况没人谈过，就写了一篇《陆小曼"风景"内外》的文章，刊登在《书城》上。不料美人阴魂不散，十年之后又写了六七万字，多半为应付学术会议，也因为接触了几张小报，不觉身陷其中，不写出来又觉得可惜，于是成了现在这本小书。

新写的围绕陆小曼与云裳公司及登台唱戏之事，材料基本上得自有"四金刚"之称的小报——《晶报》《金钢钻》《福尔摩斯》和《罗宾汉》。也是凑巧，2014年因为香港城市大学李金铨先生的推荐，要去台湾世新大学成舍我研究中心参加近代报刊与传媒研讨会，于是做了个徐志摩、陆小曼与二十年代末上海小报的题目。至于这四金刚小报，得感谢我的老友现在交大的同事曹树基，他的历史系的资料库给我提供了便利，否则要我去图书馆看缩微胶卷实在是难以做到的。

读小报费工夫，为考查几个戏单子在各张小报之间切换、并置、编排，弄清了陆小曼到底演了几场戏，又从陈小蝶《春申旧闻》到多种有关陆小曼的著作一一核对，遂为独家发现而自喜起来。这不过是无数细节中的一个，眼医的叮嘱被丢在脑后，盅于历史的八卦，不免自嘲一种书虫的快乐。据统计，1926至1932年间上海小报多达七百多种，这是值得关注的文化现象。尽管北洋军政烽火连天哀鸿遍野,在上海租界的庇护下华洋商战有增无已,市民都会渐入佳境,诸如新新百货公司、《良友》画报、舞厅茶会、恰尔斯顿纷至沓来,上海以愈益急速的步伐与欧美现代主义接轨,同时也传来了北伐的铁骑声,店铺街头换上了青天白日旗。而小报仍是市民大众的嘉年华狂欢世界,其中望平街报人的清谈嚼舌、会乐里的花酒划拳、天蟾舞台的捧角喝彩,处处众声喧哗,处处可嗅到清末的洋场习气。其实"四金刚"连同《上海画报》无非沧海一粟,却金字塔般代表小报传媒的主流,无论它们为争夺地盘相互犬牙钳制,都在都市经济机制与道德秩序中发挥"正能量",而在日益高涨的民族解放与社会革命的浪潮中,其维多利亚式的中产阶级私密空间及保守的文化底线即将涣散消解于现代空气里。

陆小曼犹如一朵奔放的烟火,任性绽放迅即坠落,画出一道1927年上海的弧线。若断还连探寻这道弧线,山阴道上捡拾旧照相碎片,从中窥见情场恩怨、家庭分合、政治风云到报馆文坛戏台饭桌、时尚与谣诼、礼仪与装逼,上海滩勿要忒闹猛好看!我的兴趣在于历史还原,怀着要让旧相片像秋叶一样飞起来的奢望,却时时想起张爱玲引用马克·吐温的一句话:"真实比小说还要奇怪。"小说里常有关乎后来情节或结局制造悬念的暗示,然而江红蕉"临时法院"之语不啻一语成谶,或江小鹣把《汾河湾》对白的"靴子"换成"眼镜"之类,文人调侃之中无意识潜流淙淙,生活无厘头非小说所能比拟。

小说有藏闪穿插之法,名人传记或日记也难免。《胡适日记》1928年5月16日说"上海的报纸都死了,被革命政府压死了。只有几个小报,偶然还说说老实话",还抄写了《晶报》的一篇短文,认为"大可留作革命史料"(《胡适日记全编》,安徽教育出版社,2001,第5册,页110)。1927年胡适在上海时看到《晶报》有关他出席南洋大学妇女慰劳游艺会的报道,打电话告诉《上海画报》记者黄梅生,说他"未出席妇女慰劳会,且本人非国民党,亦不便高呼我总理也"。这说明他的政治态度以及跟小报的密切关系,也是了解胡适的重要史料,可补其日记之不足。历史课本里"四一二"事件昭昭在目,蔡元培支持"清党"也为人熟知,但对他与郑毓秀等人组织妇女慰劳会的情状则付阙如。凡有关陆小曼的传记或著述皆着意描述云裳时装公司与登台演戏的情节,也极渲染其在上海的风光或堕落,其实如果深入到事件的肌理筋脉,可有深一层的理解。

什么是"真实"?实在也难讲。历史叙事以"时、地、人"为基础,学者常为之大费周章,聚讼纷纭,在材料多寡与判断粗精之间可见学识之高下。至于事件经过,就像警方探询一场凶杀案,当事人与旁观者人云异云,不同视角决定不同的叙述,有利益牵涉的或后来的追忆更会脱离事实。我的这份以小报为基础的叙事或许被认为不登大雅,内容固然谈不上经国大业,但我把它当作一种文化史书写的实验。在某个会上我说不看小报就看不懂上海,不无标题党之嫌,毋宁是有感而发,在于强调市民社会的丰富质地及其日常生活与情感结构的复杂性。我的叙事既适合一般史学规则,在选择事件与价值评判方面和别人一样,浓描淡写之际也有藏闪穿插之处,背后意识形态的关照也必然含有盲见。我觉得近年来文学史结合报刊研究是个健康的现象,能使得文学与文化扣联,在理论运用方面展示更为广阔的前景,就我个人而言,若把布尔迪有关"习性"与各种形式的资本的理论与福柯的话语、空间与权力的理论相结合,颇能揭示思想主体和语言、媒体与物质文明之间更为复杂的权力关系,给叙事带来有趣而尖锐的张力。

与其他徐陆传奇不一样的是,这本书以陆小曼为中心。她来到上海膺有"交际界名媛领袖"的名衔,这名衔是什么意思?其实当时的当红名妓也被称作"交际花",众目交集之下所激起的欲望波澜极其形象地体现在一篇题为《模特儿展览会参观记》的"理想小说"中,刊登在1926年12月22日《金钢钻》小报上。小说叙述在1931年元旦,在一座比卡尔登、大华饭店远为奢豪辉煌的剧场里,为救灾募捐举行"模特儿展览会",美女一个个相继上台,褪下衣衫"赤裸裸地露出玉洁冰清的天然美来",亦歌亦舞之后摇球叫号,中彩的上台与美人拥抱接吻,而购了昂贵一等票的另有特权,可与美人双双携手走进后台的"密室"里去。这篇小说发表时陆小曼刚到上海，虽然不必与她直接有关，但小说中这些美女"全多是著名阔人家的奶奶小姐、最漂亮的交际名花"，陆当然也不例外。如此不堪的描写恶作剧地暴露了上流社会的无耻淫欲，却也充分表达了男性的色情狂想。

这是个极端奇葩的例子，而陆小曼成为小报传媒追捧窥视的对象，也成为1927年上海舞台的隐喻。小报的大宗生意是"名流消费"，将新闻与文学熔于一炉，不乏惊耸煽情的修辞，而呈现在本书中的则是无数视点，如古时说的一种"平视"——平等的对视，既单一又互动，跃动着市民大众的日常欲望，在政治、时尚的背景里交杂着美丑妍媸的审美趣尚与价值判断，不仅富于戏剧性与表演性，戏里戏外、屏前幕后，也无不生动鲜活。一个细节是记者们一再在头号交际明星唐瑛的包厢打转，一面隔雾看花般透过她的眼帘来看正在台上演出的陆小曼，一面捕捉其脸色眼风微语，将其应对与措辞定格在标尺上，微妙瞬间的情感表现颇富浓度。当日唐陆两人不光在上海，也一再曝光在《北洋画报》上，明星PK引动媒体与大众的无穷兴趣，即便在今日也是如此。

在读陈小蝶、平襟亚乃至陈巨来的回忆时，我不禁哑然失笑，但是他们在记忆与历史真实的落差之间似乎分享着某种自我膨胀的共性，这一点令我惊讶而好奇，遂想起本雅明在《作为生产者的作家》一文中呼吁艺术家应当放下身段直接参与艺术生产过程，借以改变资产阶级传媒机制而为劳工大众服务。民国的情况当然不同，正如以"名流消费"为特征的小报中，孟小冬、张织云、宋美龄、富春楼老六出现在同一尺码的镜框里，含有人人都可能成为明星的意涵，可说是民初"共和"的民主平权观念的遗风。像陈小蝶、平襟亚等都是大众文化产业的当事人，有时扮演主角，有时也是观众或记者群中的一员，只是在后来的记忆舞台上仍遵循了名人消费的逻辑，过把瘾地把自己想象成作者或导演，这种集体性格的背后却站立着一种个人主义。

因此陆小曼是被无数视点编织起来的，是1927年的视点，是上海视点,也是生活在这一时空里的市民的视点。对于不同甚至互相抵牾的视点尽量并置起来,而我的价值判断也尽量点到为止。至于说到陆小曼的爱情悲剧,最富启示的在于其新旧跨界,也是中国现代女性的一个缩影。这里不妨借用张爱玲的《五四遗事》这篇小说,因其提供了一个十分难得的反思五四的视点。今日我们仍喜欢谈论五四,言必称激进主义或自由主义,非争宠于鲁迅即与胡适站队,仍脱不了救国师帝的伟业,固然可敬可佩!张氏这篇小说作于1957年,从感情和家庭的角度来看五四;所谓"张看"无非是人鬼之间看来看去,以前的小说从上海看香港,这回从上海看五四,碰触到五四的软肋。

《五四遗事》的主人公罗文韬背叛旧家庭旧婚姻,抗争了一个甲子,身体力行不愧为新青年楷模,最后却以"三美团圆"收场,"在名义上是个一夫一妻的社会,而他拥着三位娇妻在湖上偕游",宛现传统名士风流。如此讥刺新文化的不彻底近乎漫画化,可是就胡适、鲁迅而言,五四诸公高调归高调，在爱情婚姻家庭之途中跌跌爬爬，新旧之间闹不清。江冬秀如何？朱安又如何？妇女解放也好，人道主义也好，真正做起来不容易。陆小曼也是这样，却更有一番女性的艰辛，个人情感受到现世法制与习俗的制约，古今中外皆然，所谓新旧之分多了一重自设的枷锁。论才学与幸运，陆小曼或不及林徽因，多半拜赐于梁启超的旧传统，林得以一世安稳，虽然偶尔会惊现其内心的微澜波动。陆小曼则不然，敢于在孽海情天中打跌翻滚，一灵不泯坚守自我，不忌新旧，而集新女性旧传统于一身，皆臻至极致，也不愧人生精彩。如她的捧角为坤伶张目，在体制内部翻转旧戏的性别传统，与张丹翁等人不同，与骂梅兰芳要把旧戏一锅端的五四一派又不同，因此不能等闲视之。或如1941年与翁瑞午的画展所示，两人借山水笔墨一皴一皴地互递情愫，修炼涵养，其所建构空灵静谧的往古天地在乱世苟安之中别有一种悲壮的意味。

世新大学的近代传媒研讨会之后，2015年7月在沈阳的辽宁大学新闻与传播学院、2016年4月在昆山杜克大学的"文学与新闻"工作坊、6月在香港公开大学的"清末民初文学文化"研讨会、8月在上海华东师范大学"城市文化与文学"暑期班、9月在杭州枫林晚书店都做过与本书内容有关的讲座或报告,在此向主办方与听众谨表谢忱。学海无涯,带着谋食之具行走人生,从不同渠道得到的反馈与批评犹如汲取多种营养,能如此也不失为一种有益身心的锻炼。

2016年12月3日于海上大寂居

陆小曼"风景"内外

近数年来有关陆小曼的书相继见世,有写有编,和以前《人间四月天》等相比,虽然仍然辗转于徐志摩、林徽因、张幼仪之间,但是既把陆小曼置于舞台中心,故事的讲法应有所不同。这类书的出现,从大环境说,不外乎对于民国文化的怀旧想象,尤其是对于上海,正如《人间四月天》的作者最近又推出了张爱玲和胡兰成的传奇,原先题为《她从海上来》,后来改成《上海往事》,更具地域怀旧的色彩。怀旧作为文化心理的表现,蕴含着某些现下价值方面的缺失。这两位绝世才女,各领一时之风骚,在爱情上却皆以悲剧告终。无论是超越是局限,她们不惜惊世骇俗,却恪守窈窕淑女的规范。也许因为我们做不到,于是在"此情可待成追忆"之际，给她们的悲剧披上了光环。

1926年10月徐、陆在北京成婚，为媒体聚焦的是陆小曼。先是《北洋画报》在10月、11月先后在头版刊出陆的照片，标题为"徐志摩先生之新夫人，交际大家陆小曼女士"。一为侧面头像，发际别一朵大花，似烟花绽放。另一张为半身像，倚窗回首，一脸稚气。次年两人移居上海，陆的特写照片见诸《良友》《上海漫画》等刊物上，其生活隐私也成为小报追踪嚼舌的材料。特别是《上海画报》，在头版刊登她的玉照多达十余次，其锋头之健，大约后来的张爱玲也难以比肩，尽管是表面文章。胡适说："陆小曼是一道不可不

《北洋画报》1926年10月16日

看的风景。"她到了上海之后即成为公众人物,的确是一道不得不看的风景,而她的镜像世界也足以令人瞩目。

小曼与志摩一见倾心,爱得死去活来,各自离婚再

《北洋画报》1926年11月13日

婚,费尽周折,轰轰烈烈,传为美谈或笑谈。但婚后小曼为徐家所不容,遂迁往沪地,不久两人生了裂隙。小曼沉溺于阿芙蓉,当中又生出第三者,而志摩的灵魂中也不止一个女人,至1931年他飞机失事,小曼更是离群索居。对于这些我们耳熟能详,本文就《上海画报》对小曼的不寻常"捧角"之举摘取一些细节,以资谈助。她这一生命中的黄金时段,看似题外话,却也让人想见其为人,当然也影响到与志摩的情

感。至于其间涉及二十年代末新旧文化融会交杂而打造都市文化新景观的契机,读者或不无兴趣。

徐陆结婚后不久,10月21日《上海画报》上刊出寄自北京的《徐志摩再婚记》一文,说"鼎鼎大名自命诗圣的徐志摩先生"和"也是鼎鼎大名声震京津的陆小曼女士",如何各自经历了婚姻破裂,最后说道:"从此徐先生无妻而有妻,陆女士离夫却有夫。真是一时佳话,多么可喜。"文中对社会名流夸张、肉麻又讽嘲,也使本地读者获知徐陆在京中的名气。12月6日上海最有影响的小报《晶报》刊出《记

徐志摩君及陆小曼女士俪影,《时报图画周刊》384期(1927)

陆小曼》一文，说陆小曼前夫王赓毕业于美国西点军校，在北京任路警总局副局长，收入不够小曼花销，"盖小曼性素豪侈，每晚必高朋满座，男女杂沓，为乐靡涯，又常跳舞于北京六国诸饭店"，王赓"初则规戒，继以争闹，卒至提出离婚案"。又说实际上"以小曼钟情于志摩故也"。这篇稿子也来自北京，文末有报纸编辑的按语："作者王如龙君，自言小曼为其前嫂，所记当无不确，故采录之。"王如龙属王赓至亲，文中寥寥勾画出陆小曼的奢靡和别恋的形象，当然带有负面评判，编辑也相信，这颇能反映当时一般的观感。

徐陆双双现身于上海社交圈。11月15日，画报有周瘦鹃《花间雅宴记》一文，记述了日本画家桥本关雪先生访沪，某名流设家宴款待。周氏写到他刚就座，就听到有陌生女子叫他，颇觉窘愕，原来是"江小鹣恶作剧，一指花符（按：此指召妓局票），遂破我十年之戒矣"。一般的诗酒文宴有召妓的节目，沪上的放达风流可见一斑。文章写到："中座一美少年，与一丽人并坐，似夫也妇者，则新诗人徐志摩与其新

桥本关雪速写徐陆小像,《上海画报》1926年11月15日

夫人陆小曼女士也。"席间有刘海粟、余大雄(按:《晶报》主编)、江红蕉、潘天授(后作"寿")等人。该文配有桥本即兴为徐陆伉俪画的两小幅头像速写,这应当是两人初次在画报上亮相。

小曼正式登场,在半年之后。1927年6月6日《上海画报》"二周年纪念号"上刊出其大幅照片,谓:"陆小曼女士

（徐志摩君之夫人）。"女士两手托腮，面带微笑，发际簪一朵花，那种名门淑女的风范，清秀典雅，而不失妩媚。不妨想象当时的读者，为之惊艳，其中不无某种猎奇心理。这位来自"北方"的"名媛领袖"，给久餍浮华的洋场吹来清新之风，像张恨水的《啼笑因缘》中唱鼓书的沈凤喜、侠义的关秀姑，连带天桥的北方民俗风情风靡了沪上的读者。

《上海画报》上出现的徐陆，始终是一对天造地设的金童玉女。如6月9日有吕弓《陆小曼女士的青衣》一文，介绍"女士倜傥风流，有周郎癖，天赋珠喉，学艳秋有酷似处"，文中写到志摩陪小曼一同演戏，说他那晚唱《连环套》，"颇得个中三昧，嗓亦洪亮自然。此一对玉人，同好，又同志，其伉俪间的乐趣，必较常人高胜一筹也"。

然而展示更多的则是小曼个人，她的相片连连刊登于头版，频率之高远远超过海上淑女明星如唐瑛、胡蝶、阮玲玉等。如1927年7月15日照片标题云："北方交际界名媛领袖陆小曼女士"。介绍她："芳姿秀美，执都门交际界名媛牛耳。擅长中西文学，兼善京剧昆曲，清歌一曲，令人神往。"实际上这一期是"妇女慰劳会游艺会特刊"，当时正是"四一二"之后，蒋介石的南京新政权出台，上海组织"妇女慰劳会"在南洋大学举办慰问北伐"前敌将士"的游艺会，并预告将在中央大戏院再举办此慰劳游艺会。

8月3日画报继续"妇女慰劳前敌兵士会特刊"，小曼照片又上头版，称她为"妇女慰劳会剧艺主干"。同日还刊出她演出的《思凡》以及和江小鹣合演《汾河湾》的照片。接着，在9日画报上有一则报道，说她"近颇多病"，但仍带病登台演戏，称赞她"力疾从公"云。此时画报所呈现的陆小曼，不再是依附于徐志摩的玩偶式人物，不光才貌双全，且热心于社会公益。

《上海画报》是"旧派"文人办的一份小报，始自1925年6月6日，三日一刊，每刊四版，至1933年为止共出了八百多期。主编毕倚虹，次年病逝后由钱芥尘接手，撰稿者周瘦鹃、袁寒云、张丹斧、包天笑等都是所谓"鸳鸯蝴蝶派"名

《上海画报》创办人毕倚虹，
　《半月》1922

周瘦鹃，《良友》1926

将。尽管该派在二十年代初遭到新文学茅盾、郑振铎等人严厉斥责,但从画报的版式、语言风格乃至标点符号来看,仍不改旧文学本色。无论西洋新潮、古董字画、舞场、电影、胡适之、黄金荣等等,三教九流,纷纭杂陈,对于了解1927年"大革命"前后的上海万花筒般的景观以及"海派"文化新潮,甚有看头。

所谓"旧派"也不那么确切,且看《上海画报》创刊号头版的一幅照片,是在刘海粟的上海美术专门学校的教室里,学生们正对着一位女模特儿画写生。这雷人之举含有商业动机,但对于旧传统观念形成冲击,从次年女体写生遭到军阀孙传芳取缔也可说明这一点。事实上该画报直接诉诸日常生活与大众想象,从意识形态上说其实是助长正在发展中的资本主义的"都市主义",因此追踪时尚新潮,对于中西新旧文化兼容杂陈。正如画报开张不久即标榜"文学叛徒胡适之""艺术叛徒刘海粟",似乎为"时尚"添了个"先锋"的脚注。不仅这两位教主般身影频频见报,其他如徐悲鸿、田汉、

文学叛徒胡适之,
《上海画报》1925

艺术叛徒刘海粟,《上海画报》1925

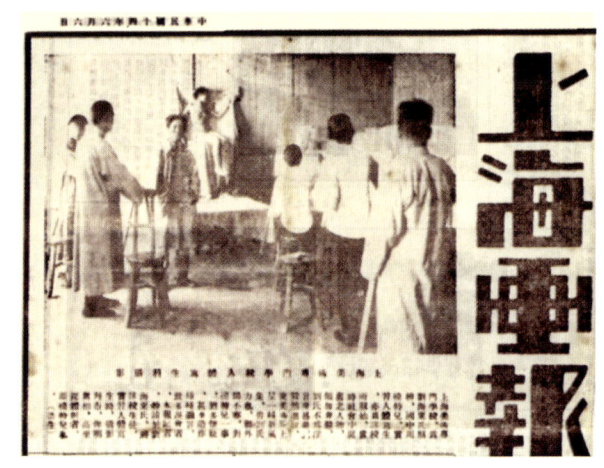

上海美术专门学校人体写生科摄影,《上海画报》1925年6月6日

邵洵美等"新派"人物受到热情推介的数数也有一大箩。倒过来说,既受推介,也少不了新派文人的主动参与。如给张丹斧左一声右一声吹捧"胡圣人",胡适好像颇为受落,也作打油诗送去发表,一唱一和,煞是有趣。

旧派与时沉浮,新派也在分化。二十年代中期新文学开始走出"苦闷"的象牙之塔,如创造社的郭沫若和张资平,前者投身于北伐革命,后者把目光转向市场,其1926年的长篇

徐志摩与印度诗人泰戈尔合影,《上海画报》1929年2月22日

邵洵美与盛佩玉新婚俪影,《上海画报》1927年1月21日

恋爱小说《飞絮》，通俗而畅销，可视作"海派"之始（吴福辉语）。这不仅仅是受到都市的诱惑，也是意识到大众传媒的重要而转变其一向鄙视的态度。如另一位创造社巨擘田汉于同年组织"南国电影剧社"，拍摄了《到民间去》，颇具象征意味，影片还未杀青，广告却做得铺天盖地，无论新旧报纸杂志，都大幅报道。尽管三十年代初田汉批判了自己的"小资产阶级感伤倾向"，但革命作家要掌握大众媒体的方向不变，说是田汉启其端也不为过。

的确，看看1926年的上海，《良友》画报创刊，给"景观社会"的打造如虎添翼，这个"画报热"，其实还是《上海画报》起的头。第四大百货店新新公司、专售妇女用品的绮华公司相继开业，消费文化渐入佳境，就妇女时装而言，新潮迭出。在这样的脉络中来看"云裳公司"及徐、陆所扮演的角色，对于新旧文人的合流意味深长。

云裳公司被称为上海"第一家时装公司"，坐落在卡德路南京路口，与邵洵美的"金屋书店"遥遥相对。1927年8月

云裳公司

7日开幕,传为沪上盛事。该公司由留法画家江小鹣担任美术设计,和唐瑛、徐志摩、陆小曼、周瘦鹃等都是股东,而新派名流投资于都市时尚,也是第一遭。《上海画报》作整版报

徐与陆在云裳公司开幕日

七岁女孩主持开幕仪式

《北洋画报》1927 年 8 月 27 日

道,称徐、陆为"云裳公司发起人",其合影披之报上。有趣的是《北洋画报》不甘示弱,也报道了公司的开幕及刊出两人合照,并说上海各报刊登的照片"皆不真切,徐夫人尤不酷肖",仿佛在自诩其印刷的精良。为之捧场的不乏旧派中人,如包天笑作《到云裳去》一文,刊于《晶报》上,对于公司的各个部门一一加以介绍。

尤其在对待女性方面，《上海画报》表现出新旧之间的吊诡。其特色是"捧角"，所捧的多为女性，那些唱京昆旧戏的角儿固不消说，京沪两地的青楼名花也频频见报。这是"鸳蝴派"的老传统，也是最为新派诟病之处。但画报也大量刊登了名门闺秀、演艺明星以及各行各业的专业女性，如吕碧城、潘玉良、周錬霞等。专注于女性，多半属商业考量，但事实上也是追随当时"新女性"崛起的时代潮流，虽然所推崇的是现代社会的"贤妻良母"，不会逾越传统价值的底线。

《上海画报》如此不吝版面地吹捧陆小曼，大约是发现了一个难得的"新女性"典

名画家周錬霞女士，
《上海画报》1926 年 19 月 27 日

女画家潘玉良女士,
《上海画报》1930年1月30日

明星阮玲玉,
《上海画报》1930年4月22日

范：既有冲决罗网、追求个人幸福的勇气，又虚心好学，醉心于传统文艺。她演《玉堂春》，学程艳(后作"砚")秋，学书学画都有板有眼，学得相当认真。上海滩上时髦的名媛淑女何止少数，但画报以"风流儒雅"来形容陆小曼，对于充斥肤浅时髦的洋场来说，真不可多得。当时的交际明星，有"南唐北陆"之称，"唐"即上海的唐瑛，被《北洋画报》称为"南斗星"，而小曼到上海之后，在"北斗星"旁边，南斗星的光亮度便减弱了不少。

对于《上海画报》的刻意打造，小曼是怎么想的？恐怕很难用"虚荣心"加以概括，作为一个公众明星也寄托着少男少女们的梦想，在满足某种文化上的期待，映现了都市社会的一种真实。她的客串演戏，像"慰劳""义捐"等名目，也有主观的倾情投入。事实上画报为小曼提供了一个舞台，在她和都市读者之间搭起了桥。反过来说，那些画报上的照片，也是陆的自我呈现，与一般标准头像不同的是，都具情调与个性，富于艺术气息。其中有一幅一反其清秀形象，珠光宝气，身穿皮毛大衣，胸前掩一扇面，刊登于1927年8月3日的《上海画报》，又刊于9月《良友》画报的封面，宛似王尔德的名剧《少奶奶的扇子》中的主人公。1926年刘别谦的同名电影上映之后，次年由洪深改编成话剧，连续在上海演出，成为热门话题。与小曼同属"妇女慰劳会"的唐瑛担任主角，所以这一照片是否与唐别苗头不得而知，但至少是切入时尚"热点"的。

1928年4月3日《上海画报》刊出小曼《请看小兰芬的三天好戏》一篇短文，极力推奖从北京来的京剧演员小兰芬。这不仅对于了解陆氏不可或缺，也关乎新旧文化之间错综纠缠的关系。此文似为陆小曼专家所忽视，这里抄录后半部分：

> 女子职业是当代一个大问题。唱戏应分是一种极正当的职业，女子中不少有剧艺天才的人，但无如社会的成见非得把唱戏的地位看得极低微，倒像

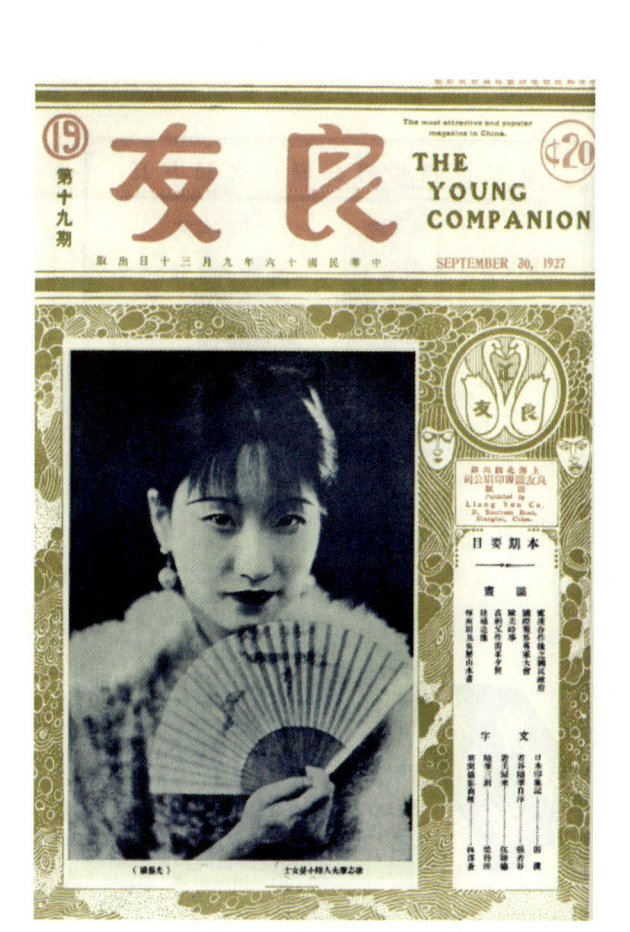

陆小曼,《良友》1927年9月

一个人唱了戏,不论男女,品格就不会高尚似的。从前呢,原有许多不知自爱的戏子(多半是男的),那是咎由自取不必说他,但我们却不能让这个成见生了根,从此看轻这门职业。今年上海各大舞台居然能做到男女合演,已然是一种进步。同时女子唱戏的本领,也实在是一天强似一天了。我们有许多朋友本来再也不要看女戏的,现在都不嫌了。非但不嫌,他们渐渐觉得戏里的女角儿,非得女人扮演,才能不失自然之致。我敢预言在五十年以后,我们再也看不见梅兰芳、程艳秋一等人,旦角天然是应得女性担任,这是没有疑义的。

这篇文章与《上海画报》的主笔张丹翁甚有关系。张在画报上专以"捧角"为务,出自其貌似古典的打油诗,有"文坛怪杰"之称。所捧者大多是新出道的京昆女演员,因此也收了不少干女儿。显然小曼同他颇为热络,在画报上可不时见到张为她题诗或赠字，某种程度上小曼是他捧出来的。有趣的是，曾几何时，小曼也捧起角来，但两人的捧法很不一样。

当时南北舞台上梅兰芳、程艳秋、荀慧生、尚小云"四大名旦"如日中天，但关于男扮女装的问题，五四以来便成为"戏剧改良"的争论议题。如鲁迅、茅盾等对梅兰芳冷嘲热讽，说他忸怩作态、因循传统，不仅与性别问题、也与他们根本反对京剧背后的旧文化有关。而为张丹斧所捧的女演员，不少是演旦角的，这在客观上支持了男扮男、女扮女的呼声。除了他个人喜好，却也反映了地域的文化政治。如《北洋画报》竭力鼓吹四大名旦，固然是北方的骄傲，《上海画报》好像对着干，来自北地的无名小辈一经品题，便身价百倍。当时有新艳秋"偷学"程派，学得惟妙惟肖，据说程为之恼火，《上海画报》则大捧新艳秋，把她的剧照和程的并列在一起。的确1926年初上海的"新舞台"推出《凌波仙子》等连台本戏，即以"首次男女同台合演"为号召，小曼在文中称之为"进步",肯定了海派京剧在这一问题上的开明态度。

与一般的捧角文章不同。为小兰芬抱不平,其实站在女性本位的立场,具有一种公众代言人的自信,视之为"女子职业"的"大问题"。言及角色性别的"自然"问题,当然在批评男演旦角的不自然,文中所谓"咎由自取"的严厉指斥,更隐含与男旦有关的种种不道德传闻。从这些方面看,小曼的思想在骨子里还是很"五四"的。这个艺术上的性别问题,最终与中国民族或人种现代性挂上了钩。王德威先生有一篇文章,精彩解读了梅兰芳在抗日时期"蓄须养志"的文化含意,即在他立志不为侵略者演戏的民族气节背后,更欲回复中国男人"自然"的阳刚形象。

对于《上海画报》里的陆小曼,徐志摩怎么看?大约是不爽。大名鼎鼎的新文学"诗圣",来到十里洋场,却成了个明星夫人的陪衬。就像舞台上,小曼演《玉堂春》里的苏三,他演不了王金龙。或者像张丹翁一再拿他的大鼻子开玩笑,当然更不爽。当初徐陆两人爱得天老地荒,没想到后来同床异梦,竟是志趣上、文化上的。志摩深受英美教育熏陶,尊崇浪漫主义文学,以灵感和创造为宗教,爱情上是理想主义,一心要改造陆小曼,想把她变成曼殊斐儿,或别的一个女人,其实也都是她们的影子,毋宁是他的自我的投射。在小曼方面来说,如果换了别个,或许会欣欣然,乐得夫唱妇随,但碰上她偏偏属于世俗、嗜古的类型,对志摩那一套不以为然。在这一点上,她也看透了,跟王映霞说:"志摩是浪漫主义诗人,他所憧憬的爱,是虚无缥缈的爱,最好永远处于可望不可即的境地。"照这么说,志摩压根儿不该结婚。其实恋人最爱听的一句话是:爱你 as the way you are,不问是天使魔鬼,跟着你去就是。像志摩那样身在曹营心在汉,女人受不了,更何况是小曼。

反过来要志摩进入小曼的世界,也难。那是巴罗克风古典加世纪末颓废,无论山水画或折子戏,那种千锤百炼的投手举足,沉潜涵泳的笔墨意趣,他不是没有兴趣,要真正进去，没那份耐心。到后来《猛虎集》出来，他的罗曼蒂克诗风才告别了渥兹渥斯的明媚湖畔，而深入于布雷克的森林之夜，对内心的探索渐入佳境，大约也是多了一份对"地狱"般都市的体验所致。

众所周知，小曼认识了翁瑞午之后，吸上鸦片，由是给徐、陆关系蒙上阴影。翁乃旧式世家子弟，做房地产生意，收藏字画，会唱戏，懂医道。他们几时认识难以确知，至少在1927年8月间小曼作慰问演出时，节目单里还没有翁。10月30日有周瘦鹃《曼华小志》一文，叙及小曼的病与翁瑞午：

> 是夕，与小鹅、小蝶饭于志摩家，肴核俱自制，腴美可口。久不见小曼女士矣，容姿似少清癯，盖以体弱，常为二竖所侵也。女士不善饭，独嗜米面，和以菌油，食之而甘。愚与鹅蝶，亦各尽一小瓯。座有翁瑞午君，为昆剧中名旦，兼善推拿之术，女

幽人芳躅印东篱,《上海画报》1928 年 8 月 21 日

陆小曼,《上海画报》1928年9月18日

士每病发,辄就治焉。

"辄就治"语焉不详,但此文为陆翁之交提供了时间上的参考。同年年底天马剧艺会借夏令配克戏院举办义演,两人在《玉堂春》里搭配为情侣档,稍后《福尔摩斯》小报登刊《伍大姐按摩得腻友》一文影射陆与翁的关系,极猥亵之能事。于是徐志摩等人不得不上告法庭,结果法院判决说证据不足,也就不了了之。这对于志摩大约打击不小,但在《上海画报》上小曼的锋头有增无减,1928年5月间其"戏装""旗装"的近照屡屡见报。6月间志摩去欧洲游历,据他自己说"我决意去外国时是我最难受的表示"。志摩去欧洲后,小曼的"近影"见于8月和9月的头版,为画报记者黄梅生所摄。一幅题为"幽人芳躅印东篱",小曼在野外湖石旁,专注于一簇花丛,幽幽然护花惜花,神情略现忧愁。另一幅半身倚窗,短袖旗袍,略带微笑,一脸朴素天真的孩子气。

至11月志摩回来,画报及时追踪报道。21日刊出周瘦鹃《樽畔一夕记》，开头即说："徐志摩先生自海外归，友朋多为欣慰。"这是由刘海粟夫妇设宴、包括胡适等人的小聚会，陆小曼未赴席，此文也没提为什么，在历述徐氏海外行后写道：

> 愚问："此行亦尝草一详细之游记否？"君谓五阅月中尝致书九十九通与其夫人小曼女士，述行踪甚详，不啻一部游记也。愚曰："何不付之梨枣，必可纸贵一时。"君谓："九十九书均以英文为之，迻译不易，且间有闺房亲昵之言，未可示人也。"

在这篇文章里，徐陆之间仍是"闺房亲昵"，但如我们所知道的，志摩返沪后，见小曼依然如故，愤慨绝望之际，写了《生活》一诗，将他的生活比做一条毒蛇蜿蜒的"甬道"，似乎对上海也厌恶起来。《上海画报》虽非大报，但也有自己的一套标准，不是其他小报可比。对于徐陆始终维持他们的公众形象，尤其是对于小曼。值得注意的是在1930年2月6日刊出的小曼特写照，差不多是她在《上海画报》上的最后亮相了。此为侧面头像，黑色的衣服、头发，和黑色的底子浑成一片，面部由高光打出；女士的目光略朝下，略长的钩鼻，抿紧的嘴唇，显得肃穆而沉毅，颇富悲剧意味。

从1926年底到1930年，一晃已是四年，徐陆之间尽管危机重重，但能这样过下去不容易，而《上海画报》要维持他们的美好形象，也不容易。如果志摩没有早逝，又会怎样？尽管情感不睦，或许也会像大多数现代都市的家庭悲喜剧一样，当初的浪漫时段已过，鸡鸡狗狗也未尝不可过一世。最后志摩去京，还带去小曼的山水长卷，友人交相称赞，他颇为得意。小曼纵有种种不合健康的习惯，在艺术上能如此用心，精神上也不见得堕落到哪里去。她一再叮嘱志摩"飞机还是不坐的好"，此种关爱，也决非泛泛。只因志摩骤然失事，一切都是后话，也使这一罗曼史的结局，以牺牲"天才"为代价，后人为之扼腕，而对陆小曼来说，在"未亡"的不幸之外，更得满足我们道义上的优越感。

关于徐陆因缘的来世今生，公论婆说已多。现下的几部陆小曼传，虽然把她当作主角，仍不免朝"死"里、更由志摩之死来看陆小曼，或者把她夹在林徽因与张幼仪之间，仍不免被压抑的。她在上海的生活，挥霍无度，日夜颠倒，尤其是被一再提到的那个"暗房"，"总是阴沉沉地垂着深色的窗帘"（何灵琰语），她在里面吸大烟，更有一个神秘"好友"翁瑞午，魅影般出入其间，虽然比不上张爱玲笔下的曹七巧，却也够"妖魔"的。

这里忍不住再说几句，是读了小曼仅存的小说《皇家饭店》，颇有感触。故事写抗战期间沪上一小家庭，夫妻恩爱，与一老母、两个孩子，贫困而安乐。然而小儿二宝突然病危，一时手头拮据无告，妻子婉贞应征为皇家饭店女职员。小说细细描写她在饭店里所见所闻，形形色色的女子，拉皮条、拦恩客，无非是卖笑生涯，遂撕破不夜城中皮肉市场之一幕。当婉贞明白在店里做个女职员，也难免要出卖色相，于是决然离去。

这篇小说写于1947年，应知名女作家赵清阁之邀，收入其主编《无题集》——现代女作家小说散文集，作者皆一时之选。陆作稍稍舒展其文才，尤其是写婉贞在饭店中经历，套用1932年嘉宝主演的《大饭店》(Grand Hotel)。这部电影犹如"群英会"，集中当年好莱坞明星，各各争奇斗妍，展示风采。在小说里却是群魔乱舞，个个为金钱出卖肉体和灵魂，然而衬托出婉贞的心理变化，细腻动人。赵清阁对《皇家饭店》的思想内容大加赞赏，认为"揭露了孤岛时期上海妇女的悲惨命运"。这么说是不错的，但耐人寻味的是小说的结尾，对于理解陆小曼别有意蕴。

明知出入"夜生活""太危险"，但婉贞是救急，万不得已为病危的小儿抓药钱。她的心理起强烈冲突，二宝是中心。最后毅然离职，钱还没赚到，那二宝怎么办？她想过这一点：

她愈想愈害怕，她怕她自己到时候会管不住自己,改变了本性,况且生死是命,二宝的病,也许不至于那样严重,就是拿了钱买好了药,医不好也说不定,就是死了——也是命——否则以后还会再生一个孩子的——她一想到此地她的心里好像一块石头落下去,立刻觉得心神一松。

她的断然离去引起伦理上的问题。如果二宝果真死了,那是婉贞为保全自己的"本性"而付出的代价,所谓生死由命毕竟有欠说服力,眼睁睁牺牲这样一条小生命,母心何忍!不过这"本性"却涉及一种写作的伦理问题。在1940年代末,如果是一位进步作家,对这结局会作另一种处理:婉贞既未能保全本性,更不能保全家庭,唯一的出路就是受压迫妇女团结起来,同万恶的社会作斗争。如电影《丽人行》中对纱厂女工金妹及其他女性的描述,即为此例。

看上去小说所表现的是能为"贤妻"而难能为"良母"的伦理困境,然而写到这里戛然收煞,寓意深长,所凸显的与其是伦理的评判,毋宁是婉贞的思索及她的选择。这更像萨特所说的存在主义式的困境,任何人生选择都不免缺陷,但主人公遵循自己的"本性",自觉其所作的选择,且为之承担后果。

像这样写一个普通的都市女性是很特别的,这样陷于伦理的困境,也何尝不是陆小曼自己一生的隐喻?不管是洒脱、是沉重,尽在于一己的担当和承诺,在于一己内心的安宁,至于其他飞短流长,似属多余。正如婉贞所昭示的,她已经"想明白了","心中很快乐"。

云裳公司必杀史

开幕辨误

有关陆小曼的传记都会提到云裳公司,韩石山的《徐志摩与陆小曼》一书中有两张照片,一张题为"徐、陆夫妇参加云裳服装公司开业典礼"(页160),另一张"报上刊登的云裳服装公司广告"(页192),而传记正文并未言及云裳公司。在柴草《图说陆小曼》中:"在美术家江小鹣的协调下,以唐瑛和陆小曼为号召力,在1927年创办了中国第一家妇女服装公司——云裳公司。"(2004,页93)刘思慧《美丽与哀愁——一个真实的陆小曼》:"张幼仪回国后在上海开办了盛极一时的云裳时装公司。"(2006,页112)这两书仅点到为止,在谁创办云裳公司这一点上显出分歧。

云裳公司于1927年8月7日开业，坐落在南京路卡德路口（今上海电视台附近），在一九二〇年代末的上海引领了妇女服装的潮流，其广告不仅刊登在《申报》《上海画报》《晶报》《小日报》等大小报纸上，也见诸《旅行杂志》《上海漫画》等杂志，可谓风光一时。究其原始，在开业前一日《申报》头版刊出一则广告曰："云裳是上海唯一的妇女服装公司，特聘艺术图案刷染缝纫名师，承办社交喜事跳舞家常旅行剧艺电影种种新异服装、鞋帽等件及一切装饰品，定价公道，出品快捷，特设试衣室、化妆室，美丽舒适，得未曾有。定于今日开幕，敬请参观。"云裳公司的气派不同凡响，以中上阶层为目标顾客，广告富于文艺气息，篆书字体的"云裳"为名画家吴湖帆所题，下方是个画有一朵祥云托起莲花的logo，还有几句文学青年腔的口号：

要穿最漂亮的衣服

到云裳去

云裳公司开幕广告,《申报》1927年8月6日

云裳公司广告，
《旅行杂志》1927年冬季号

要想最有意识的衣服

到云裳去

要想最精美的打扮

到云裳去

要个性最分明的式样

到云裳去

确实，云裳公司不光为上海滩增添了一个鲜亮的时尚橱窗，作为"唯一的妇女服装公司"，也为现代服装史留下一道难忘的印痕，至于它所引出的不少故事涉及名流轶事、市井嚼舌、阶级、资本、新旧文坛合纵连横不一而足，当然对于了解徐志摩与陆小曼在上海的生活不可或缺。1947年陆小曼整理的《志摩日记》由晨光图书公司出版，其封面她与徐的半身合照即为云裳公司开幕当日所拍摄，在她心中似不无"惘然"之叹。

谁是云裳公司的创始者？是唐瑛与陆小曼，还是张幼仪？传记的不同叙事皆非空穴来风，得追溯到云裳公司四十

云裳公司发起人徐志摩、陆小曼伉俪合影，
《上海画报》1927年8月12日

年之后在台湾的一场笔墨官司。

1967年1月《传记文学》有容天圻《陆小曼与云裳服装公司》一文，说从陆小曼的堂弟陆效冰的遗物中发现一张照片，"据陆夫人告诉我这张照片是陆小曼与唐瑛等人合办云裳服装公司时一个童装表演的镜头，照片的中央站着一个小女孩，是宋春舫的女儿，其他合照的则为唐瑛、江小鹣、陆小曼，还有一位可能是张禹九，现在已记不清楚了"。这篇文章大致描述了当年云裳公司的盛况,放大了的照片与文章一起刊出,然而说"拍摄的时间当是民国十六年春间,她(指陆小曼)与志摩初到上海时",却有不小的失误。其实这张照片拍摄于云裳8月7日开幕当日,并在8月9日由《晶报》登刊,《云裳中之大大银儿》一文曰:

> 乞巧日之后三日,云裳公司开幕。所谓幕者,以零缣片锦,缀成一方,蔽诸云裳公司招牌上;来宾既参观公司所制品,饱嗅试衣室香气,复在邻居Belle Mode空屋进茶点。经理江小鹣乃以方案置店前,铺素毯,缀客昵馨花及颇黎杯,成内外二圈,满斟葡萄美酒,抱一七岁之聪明幼女,立案上盃圈中,女股东唐瑛女士、陆小曼夫人,分立左右。幼女名朱翠苹,股东朱润生之爱女也,执彩绳引之,零缣立坠,吴湖帆所书云裳匾额见。翠苹高立举杯,众饮酒;翠苹不饮,则洒之,礼成。

《晶报》1927年8月9日

一个七岁小女孩站立桌上主持开幕典礼，乃别开生面之举，据此，这小女孩不是在作"童装表演"，且是股东之一朱润生的女儿。8月12日《上海画报》为云裳开幕刊出的照片当中有一张也是这个小女孩立在桌上，图旁说明文字称她为"朱彩苹女士"。与《晶报》上的名字一字之差，然确知非宋春舫的女儿。作为云裳公司发起人之一，宋出席了开幕仪式，也将有关照片寄给《北洋画报》，8月27日刊出两张，一张也是女孩站立在桌上,角度与《晶报》上那张不同,左边最显眼的是唐瑛,所以题曰"开幕时交际南斗星唐瑛女士举杯谢客"。另一张是徐、陆合照,题为"云裳股东徐志摩君及其夫人陆小曼"。

创办者与话语权

容文有的放矢,跟文坛泰斗梁实秋叫板。文中写到关于云裳公司的主持人已有两种说法。陆效冰生前好友磊庵在写到徐、陆时说陆小曼和唐瑛合资开过云裳服装公司。但梁实秋在《谈徐志摩》一文中驳斥说:"上海的云裳公司根本与陆小曼无关,那是志摩的前夫人张幼仪女士创设主持的。"并说自己曾带着内人光顾过云裳公司,在那里做过一件大衣。容天圻引用陈定山《春申旧闻》一书中有关陆小曼的文字作佐证,最后说:"云裳公司为唐瑛与陆小曼合资创办的则是不争的事实。"争辩之意不言而喻。

梁氏《谈徐志摩》说:"我在十五年夏天回国在上海访张

梁实秋《谈徐志摩》，1987

嘉铸（禹九）先生未遇，听见楼上一位女士吩咐工友的声音：'问清楚是找谁的，若是找八爷的，我来见。'我这是第一次见到这位二小姐。她是极有风度的一位少妇，朴实而干练，给人极好的印象。她在上海静安寺路开设云裳公司。这是中国第一个新式的时装公司，好像江小鹣在那里帮着设计，营业状况盛极一时，我带着季淑在那里做过一件大衣。"1926年7月梁实秋从美国乘船抵达上海，旋即去南京，次年2月在北京与程季淑结婚，不久来上海开始了他的教学和文学生涯。云裳于8月开业，唐瑛、陆小曼扮演主角，成为轰动一时的新闻，为何这段话里丝毫不提？很可能梁实秋确实不清楚。是年春来上海至年底他妻子生下女儿这一段日子里，为就业为家庭异常忙碌，与云裳没沾边，徐志摩、张禹九等没有找他参与，他与新闻消息有隔膜。至于梁偕同妻子在云裳公司订制大衣，应当发生在云裳易手之后，所以他的记忆里只有张幼仪"开设云裳公司"这件事，这一点下文会讲到。

《传记文学》的编辑事先和梁实秋打了招呼,因此在同一期也刊出梁的《关于张幼仪与云裳公司》的回信,坚持认为云裳公司系张幼仪所办,与陆小曼无关。当日梁在台湾几乎一言九鼎,他的说法当然极具影响。有趣的是他的回信最后拖了一句:"知道云裳的人,在台湾还有。"果然《传记文学》下一期即出现刘英士《谈云裳公司及其人事背景》之文。编者按语说:"惟因事隔三十多年,以讹传者多,而亲眼目睹者少。兹承刘英士先生惠寄大作,以亲见经历撰写本文,道出徐志摩前妻张幼仪女士与创办云裳公司的经过,实为不可多得的第一手资料。"刘文中说1926年张幼仪刚从德国回来时,"她曾请我带路,陪她参观一个幼儿园,回家又写一篇文章,由我转交郭虞裳登在他所主编的《时事新报》副刊《学灯》上面",1927年徐志摩、梁实秋等人开办新月书店,刘英士是股东之一。此文不限于谈论云裳公司,叙及当初徐志摩移情别恋而抛弃张幼仪,"想不到志摩不久就迷上了一个随父游历的瘦小美人",对林徽因语含不屑,离婚后张在德国诞下的孩子又遭夭折，对徐的负心扼腕，对张的委屈充满同情。

刘文一口咬定："云裳公司自始至终可以说是张二小姐一人的事业；其他一群朋友只是皆此机会来表现一番（如江小鹣），或帮忙助兴（如张三小姐和老七老八），或出风头（如若干交际花）。"照刘所述，张幼仪开设云裳公司的念头完全出自偶然，因为张老太太请来一个叫阿梅的南翔裁缝，她为张家小姐少爷做衣服，心灵手巧令人倾倒。结果如张幼仪所愿，开了云裳公司这一"小店"。由是作者郑重声称："我愿意再重申一遍，云裳公司的主持人是张幼仪，而其台柱则为阿梅，这恐怕是连许多股东也不是知道的。"

的确，关于阿梅的故事，如张幼仪如何设计服装和监制裁缝、如何对阿梅几经测试而愈生信心等，都属家庭细节，外人当然难以置喙。所谓"台柱"是针对陈定山《春申旧闻》中"唐瑛、小曼为云裳台柱"的说法。但是如本文开头引的《申报》广告，云裳公司能够"承办社交喜事跳舞家常旅行剧艺电影种种新异服装"，全靠一个二十五岁的南翔裁缝，实在啧啧称奇。所谓"许多股东"是怎么回事？刘英士说张幼仪"之所以不做老板而当经理者，乃是因为公司可以招揽股东，可使许多有能力帮助设计，或有声望号召顾客，或有资格做模特儿的交际花等都可以把此店视为己有，格外热心支持"，言下之意像江小鹣、唐瑛和陆小曼等人就属于"求攀附凤者"了。问题是既然张家出资，拿出"九牛一毛"来满足幼仪式的愿望，为何还要"招股"？既然掌握了阿梅这张"王牌"，为何还要靠别人？这些地方刘文闪烁其词，留下许多问号。

最后一段堪称妙文："幸亏志摩先后只讨两位夫人，距今不过三十余年，当事人之一尚属健在，立言君子即已张冠李戴，纠缠不清，胡说八道……我真羡慕陆小曼福气真好，别的美人迷昏了志摩，而她坐享其成；道听途说者乱写文章，又将使她夺得云裳。她有资格拍胸脯说：'我的天下得之于李闯，而非取之于大明。'文坛上的李闯，何其多也。"口气尖酸而凌厉，不光涉及谁是云裳公司创办者的争论，而在翻旧账为张幼仪鸣不平，怪徐志摩，更怪使徐迷惑的女人们，说陆小曼受惠于"李闯",无论其政治隐喻,"大明"则大有视张幼仪为徐志摩"正室"之意。

刘文发表之后,《传记文学》收官大吉,张幼仪是云裳公司的创设主持者之说遂成定论。其时林徽因、陆小曼皆不在人世,张尚健在。1949年她离开大陆而住在香港,1953年与苏记之医生结婚,1972年苏过世后移居美国。她的侄女张邦梅根据她的晚年口述写成书,被译成中文,即《小脚与西服——张幼仪与徐志摩的家变》一书,1996年在台湾出版。书中有"经营云裳"一节,说云裳是"八弟和几个朋友(包括徐志摩在内)合作的小事业",并说"我是云裳公司的总经理",江小鹣、陆小曼等人一概没提,仅提到徐的好朋友李碧波为云裳做了些设计(页206)。

2000年由大陆和台湾合拍的电视连续剧《人间四月天》热播之后,徐志摩的罗曼史家喻户晓,当时陈子善在《陆小曼佚作小议》中说:"由于电视连续剧《人间四月天》的误导,陆小曼的形象被歪曲了。其实陆小曼是很有文学才华的,可惜为徐志摩的生命所掩,鲜有人提及,也鲜有人研究。"(《探幽途中》,湖南教育出版社,2007,页42—43)确实此剧内容大致取自《小脚与西服》一书,且与张幼仪的叙事视点掩映重叠。这似乎很自然,今人言及徐志摩的爱情传奇便揶揄备至,浪漫主义几成恶谥,张幼仪则曲尽妇道,自强不息,有"女中豪杰"之誉,不愧为女性楷模。俗话说,历史由强者书写,也得看公道人心,而张幼仪能最后笑出声,颇多得益于台湾的地缘文缘政治。《小脚与西裤》讲到1967年即《传记文学》上争论云裳归属的一年,张幼仪带苏医生去剑桥、柏林,她是旧地重游,觉得风景从未如此优美,"走访过这些地方之后,我决定要让我的孙儿们知道徐志摩。所以,我请一位学者,也是徐志摩在《新月月刊》的同事梁实秋先生,把徐志摩全部的著作编成一套文集。我提供了一些我的信件,由阿欢(按:张与徐之子)带去台湾见梁实秋。我希望留一些纪念徐志摩的东西给我儿子和孙子"(页233)。

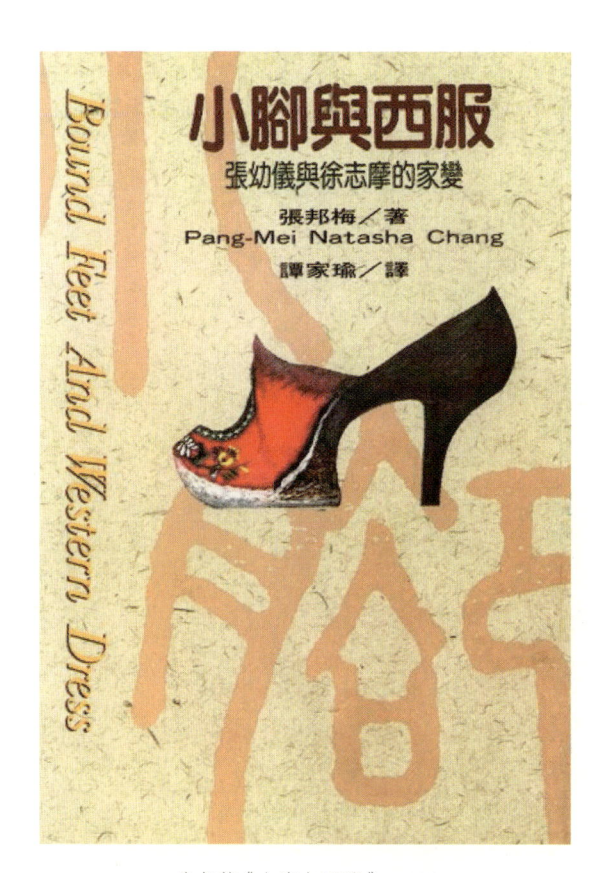

张邦梅《小脚与西服》，1996

真所谓有恨方有爱，四月天毕竟是有情天，在《小脚与西服》里把陆小曼黑得厉害，对林徽因则恨入骨髓，所以"在他一生当中遇到的几个女人里面，说不定我最爱他"。这是该书最后一句，道尽爱的沧桑与真谛。

小报的花絮新闻

一九二〇年代末的上海，小报特别兴盛，达数百种之多。1928年5月胡适在日记中说："上海的报纸都死了。被革命政府压死了。只有几个小报，偶然还说说老实话。"(《胡适日记全编》第五册，安徽教育出版社，2001，页110—113）其时蒋介石在南京建立了新政权，随即推行"党治"，钳制新闻传媒。胡适在上海担任中国公学校长，与徐志摩等人一起创办《新月》杂志，后来该杂志因为发表自由言论而被查封。胡适称赞小报"偶然还说说老实话"，乃指政治方面，其实小报的内容包罗万象，绝大部分有关都市日常生活与市民心态。就徐志摩与陆小曼而言，自1926年底两人在北京结婚后来到上海成为小报追踪的明星人物，关于《上海画报》上陆小曼的镜像表现，笔者有写过（《书城》2008年9月），而本文有关云裳公司的材料则大多来自《晶报》《金钢钻》《福尔摩斯》和《罗宾汉》等素有"四金刚"之称的小报。在新闻报道方面，小报也有其公共性，虽然有道听途说添油加醋的成分，这是须加以注意的。

上面提到《北洋画报》称徐志摩为"云裳股东"，公司以股份集资属于商业常态，否则也开张不了，虽然大名鼎鼎的"诗哲"加了个"股东"头衔，颇为新鲜。7月12日《上海画报》对公司的开幕作了整版报道，在六幅照片中，那张题为"云裳公司发起人徐志摩陆小曼伉俪合影"的流传最广。虽然新闻报道有"股东"如徐志摩、朱润生，"女股东"唐瑛、陆小曼等，但是对于公司的资本、组织等情况仍不甚了了。要紧的是8月15日《上海画报》上周瘦鹃《云裳碎锦录》一文：

云裳公司者，唐瑛、陆小曼、徐志摩、宋春舫、江小鹣、张禹九诸君创办之新式女衣肆也。……开幕后三日,曾开一股东会于花园咖啡店,推定董事。唐瑛女士兼二职,除任董事外,又与徐志摩君同任常务董事,与陆小曼女士同任特别顾问。宋春舫君任董事长,谭雅声夫人则以董事而兼艺术顾问。愚与陈子小蝶,亦被推为董事,固辞不获;顾愚实不懂事,殊无以董其事也。艺术顾问凡十余人,胡适之博士、郑毓秀博士均与其列云。

虽然这段话很简略,却提供了重要讯息。无论股东会还是董事会,对于决定公司事务具有权威性,其所派定周瘦鹃为董事或胡适为艺术顾问,或许是挂名的,但他们都是认了股的。照上面所引《晶报》已经有"经理江小鹣"了,如果江之上还有个"总经理"的话,那么在这样的会上缺席是不可思议的。

将当时上海各报对云裳公司的报道与四十年后台湾的争

论相对照，可发现两者之间的巨大落差。刘英士或梁实秋说云裳公司"自始至终"是张幼仪一手"创设主持"，但是所有各报有关云裳公司的报道中丝毫不见张的影子。而且张自称"总经理"也显得吊诡，事实上各报一再说云裳公司由江小鹣、唐瑛、徐志摩与陆小曼等"发起"，烘托出一种名流与时尚的景观，唐、陆大出风头，如果张对于云裳是一手缔造、全权在握，那么为何当年要轻易让美与唐、陆，又何劳乎四十年之后夺回主权呢？

股东会推定陈小蝶为董事。1949年小蝶从大陆迁至台湾，改名陈定山，后来写成《春申旧闻》一书，其中说："徐偕陆南下时，江小鹣、张禹九、唐瑛正组织时装公司，于同孚路口，为上海时装公司第一家。小鹣、禹九皆美丰仪，善于体贴女儿家心理，故云裳时装的设计，亦独出心裁，合中西而为一。唐瑛、陆小曼为台柱。"作为云裳董事之一，这段话无非旧事实录，没什么发明。实际上云裳开幕比原定时间延后了三日，原因之一是委托陈小蝶负责给所准备的上千张请帖喷上香水（《上海画报》，8月3日），这是近水楼台，因为他家里即为家庭工业社，约十年前其父陈蝶仙所开创而闻名遐迩。《晶报》主笔即专写油滑怪诗的张丹翁为之赋诗，把请帖称为"云帖"，把这件事称为"韵事"（《上海画报》，8月8日）。

江小鹣是云裳的艺术名片。在开幕一月之前7月9日《晶报》刊出野草的《未开张之云裳公司》，谓"唐瑛女士等合资云裳公司，喧传已久"，作者在现场"见木工装修甚勤，江小鹣正奔走指挥，蹀躞不停；有数画师，正伏案绘制新装图样，姹红嫣紫，目为之炫"。可见江也一手草创了云裳公司。9月9日《晶报》上包天笑《到云裳去》一文说，他路过云裳，进到公司里见到宋春舫和江小鹣，描写公司分三层，底层陈列服装样品及接待顾客，二层是试衣室，有一"绘染室，则以手工为美术者也"，实即取名为阿透利挨（Atelier）的小鹣的艺术制作室。另外还有会计室，最上一层是裁缝工场，分中西两部，有裁缝二十余人。据9月3日《上海画报》上《云裳之二艺术家》一文，与江小鹣搭档的设计师张景秋，是张君

张景秋与江小鹣,《上海画报》1927年9月3日

劢、张公权的弟弟,称"七爷"。

尽管与事实不符,张幼仪"总经理"之说斩钉截铁,或另有原委。发起人之一张禹九担任"总务",大概掌管财务方面。事实上张家有钱有势,上面提到的老二张君劢(名嘉森)为国立政治大学校长,张公权(名嘉璈)在北伐期间担任中

国银行副总裁,财政上支持蒋介石,1928年成为总裁。云裳公司开张几天里张家积极参与,禹九的妹妹和唐瑛、陆小曼一起招待顾客,另在一张照片里出现的叫张竞秋,可能也是张家人。

然而云裳公司的营业不理想,开张不久即出现资金周转问题。包天笑在《到云裳去》中说:"云裳公司最先集股得一万元,草创为之,然今生涯发达,即不敷周转,拟再添股。"江小鹣对包说:"雅不欲大资本家入股,大资本家长袖善舞,彼一举手,即可得十万,甚愿我辈同志者,共集腋以成裘也。"其时公司的业务似乎不错,但需要更多的资本投入才能顺利发展,然而又不愿使公司被资本家所主宰,似乎与艺术理念发生了冲突。

状况越来越糟糕,1928年2月11日《福尔摩斯》刊出辰龙的《云裳公司押得四千元》一文,"在该公司创办之初,亦曾轰动一时,投资者多海上名流,顾终以开支浩大,入不敷出,至今乃以亏折抵押闻矣"。《福尔摩斯》一向对云裳恶语相加，这回得知公司亏空，即欣欣然曝光，又说："云裳之资本为一万元，计分一百股，每股百元，其大股东有谭雅声夫人及张姓等数人，小股东周瘦鹃、徐志摩辈，亦有十余人之多。"但是到年底结账发现一万元亏折殆尽，如果要继续营业，须另投资金，而小股东们已失去兴趣，因此"经股东会议后，乃由大股东数人，另组一义记公司，出资四千元，贷与云裳公司，即以云裳公司之生财、存货、牌号等，为抵押品，并订明如半年后云裳公司无力清偿此项押款时，义记公司即可履行契约，将其抵押品收归己有"。持大股的谭雅声夫人是交际界活跃人物，"张姓"当是张家。

云裳的命运殊为悲惨，资金不足，以四千元救急大约也无济于事。至此我们可以明白，最初云裳是由唐瑛、江小鹣等人发起并主持的，而"义记公司"则代表大股东们的意愿，借以取代原来的权力架构，实际是大资本的强势介入，说得难听点是乘机夺权。不到一月，据1928年3月9日《晶报》

上秋意的《云裳公司挽留职员之方法》一文，江小鹣以艺术创作久遭荒废为由提出辞呈，营业部主任张君等人也纷纷要辞职，最后由董事会托陆小曼与江商量，允许他请假三个月，同时另派"专员"接手，由此可见公司已精神涣散，濒临解体。这"专员"应当来自"义记公司"，至于云裳的结局，最终应当是由张家接手的，只有这样张幼仪的"总经理"之说才能成立。

若如此推断，此后云裳公司可说是进入了张幼仪时期，从1928年《上海漫画》中的广告来看，公司继续营业，而盛时不再。陈定山《春申旧闻》说：唐瑛、陆小曼"二人的美，可用玫瑰与幽兰来做比方。玫瑰热情，幽兰清雅，热情的接近学生界，清雅的接近闺门派，以此云裳生涯鼎盛，而效颦者踵起。唐、陆不久倦动，并刀钿尺间，不复见二人裁量倩影"（页81）。所谓"倦动"各有缘故，10月间唐瑛与李祖法结婚，年底陆小曼因为与翁瑞午的"艳屑"而闹得满城风雨，一喜一惧，双双淡出于公众视野。

名流消费与骂战

名流消费是小报的最大特征。都靠名流吃饭，有关高官政客、巨富大亨、演艺明星、名媛闺秀、当红名妓的点滴动向，都是市民每日的快餐佐料。小报那么多，只有一口饭，都狂抓新闻，疯抢读者，竞争异常激烈。然而别看是小报，各有地盘、人脉、经济和文化资本，于是形成不同档次、互相牵扯的权力结构。

云裳公司自然成为小报的猎物，反过来美人是香饵，这本是一体两面，于是给都市风景赋予社会意义，印刻于公众记忆。不过围绕云裳公司的口水之战多半在《上海画报》和"四金刚"之间进行，没头没脑的小报沾不上边。有一回周瘦鹃到唐瑛府上，事先约好的，差点给挡驾，若不是顶着《上海画报》，恐怕还见不到佛面。

主控《晶报》和《上海画报》的余大雄、袁寒云、张丹翁、包天笑等人大多是资深报人，皆属社会名流，与周瘦鹃的

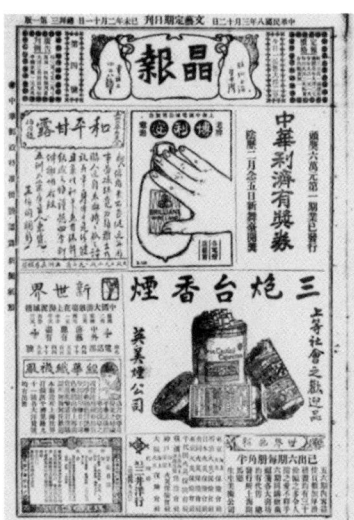

《晶报》,1919—1940

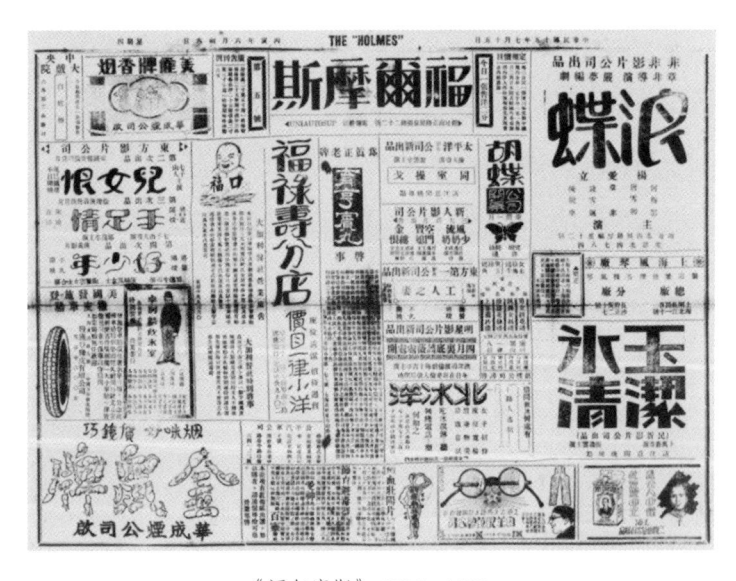

《福尔摩斯》,1926—1937

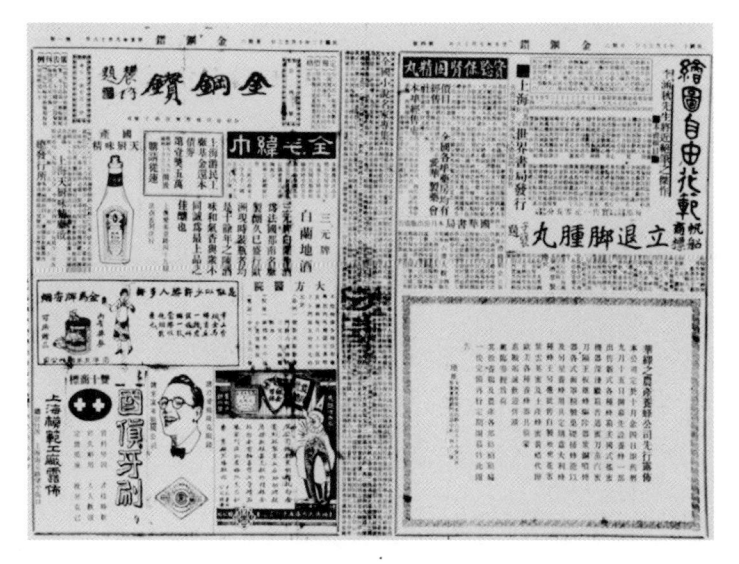

《金钢钻》,1923—1937

《罗宾汉》,1934—1937

《申报自由谈》连成一气。他们占据都市传媒上游,对云裳公司推波助澜,赞叹有加,似在打造一种中产阶级及其美好未来的主流价值。如张丹翁连篇累牍吹捧云裳,其中《审美》诗:"天下之美人,见说江南萃,江南之美人,独数云裳最。"(《上海画报》9月9日)。而《福尔摩斯》《金钢钻》《罗宾汉》则百般拆台,可谓阵线分明。这样的对仗格局早就形成,如创刊于1923年的《金钢钻》报意思是"以钻刻晶",从一开始就跟《晶报》过不去,原来《晶报》骂过陆澹盦、施济群等人,因此他们要办《金钢钻》出气。《福尔摩斯》创刊于1926年,主持者吴微雨、胡雄飞等属于边缘,然而作风大胆,声称"什么都要揭发",不怕对簿公堂,被控遭罚,要把社会不公"公诸报端,希望获得社会人士的公允评判"。处下风的小报们互通声气,策略上走偏锋、擦边球、出奇招,不仅能博得社会关注,增加销量,背后也各有意识形态与社会心理的支撑。

如上文《上海画报》《晶报》等对于云裳开幕的报道喜气洋洋,第三日《福尔摩斯》首先发出异议,刊登了赵子龙《所望于云裳公司者》一文,说时下兵荒马乱,民生艰难,而海上繁华为全国之冠,有钱人穷奢极欲,争奇斗艳,做件衣服要花上数十百元,"于是乃有留欧硕彦,艺术名家,应时世之要求,逞画龙之能手,联大家之闺秀,合资经商,云裳公司,遂告成立"。但这样的"美举"必定助长"妇女服装之奢华",属于"提倡奢侈之怪异",作者说自己人微言轻,反对无力,只能"深望云裳公司诸大老板,能稍顾国情,略循公意,竭力采用国货衣料,毋专推销东洋货,则或可藉诸大艺术家之提携,挽回少许利权,是记者所厚望也"。

反对"奢侈",提倡"国货",乃攻击云裳公司的两大理据。接着8月11日《罗宾汉》马上跟进,刊出千盦《为云裳公司进一言》一文,从"国际风俗"着眼"深望该公司,于服装之式样,及所绘之花色,务求雅观舒适华美合宜,勿过事奇诡,风化一层尤宜注意及之",这不光在指责"奢侈",另加了一层有关"风化"的道德关怀。该文又说:"并望尽力从倡国货,为各界之先声。"也重复了《福尔摩斯》的提倡"国货"的立场。最后说:"所谓穿衣问题,亦三民主义中民生主义之重要问题,若该公司而能使穿衣问题先行解决,则实具伟大之功绩矣。"连"三民主义"也搬了出来,问题更显得严肃。要求云裳方面"稍顾国情,略循公意",确实代表"政治正确"。当时北伐革命仍在进行,国民党竭力宣扬民族主义,"打倒帝国主义"、"收回利权"的口号充斥于上海报纸;就在云裳公司开张之时,国民党特别党部与上海商团正在大张旗鼓地联合举办"国货大会",因此《福尔摩斯》《罗宾汉》对云裳公司的指责振振有词,似乎站在政治和道德的制高点上,搬出"三民主义"而提出"穿衣问题",则在指向为谁服务的问题。

8月16日《福尔摩斯》上《提倡奢侈与男女服装》一文说:"国货,今日人人所提倡也;奢侈,今日人人所反对也。"然而笔锋一转把矛头指向云裳所代表的上流阶级:"至所谓交际之花,电影明星,则所穿皆不中不西,灿烂眩目,几无一非极贵之舶来衣料,一衣之费,几数十百金,此又提倡奢侈之风者已。"在服装所用衣料方面,她们无不喜欢使用舶来货,以致国产丝织品无人问津,譬如女子"爱国布一种,实挽回利权之一,然穿爱国布者,除少数女学生外,多贫民阶级中人。有钱之家,亦如男子之穿哗叽人造丝织品也"。这好像在为"贫民阶级"请命,确实在二十年代末"左翼"思潮流行,"阶级"也是时兴话题,虽然《福尔摩斯》对社会主义或阶级斗争胃口缺缺,而起劲宣传爱国主义:"当此之时,凡有爱国心者,宜如何设法矫正,俾不流于奢靡淫恶,挽回利权之万一。"最后掉转枪口:"若推波助澜,质料惟尚新奇,式样专求诡异,布衣一袭,贵胜绸衣,而复号于众曰,是某艺术家之最新图案也,是交际之花之自出心裁也,是直推销外货,提倡奢侈而已,于爱国乎何有?"其杯葛对象仍是云裳公司。

《金钢钻》也加入反云裳合唱,窥伺社会名流,流言蜚语,起底爆黑,含沙射影,为小报专长。在禹鼎的《艺术界之五毒》一文中说某人十年前是个在新剧社里的小混混,后来自费出洋学习绘画，回来之后"居然以美术家自命，近忽发财心切，纠合交际之名某女士等，开一裁衣店，专为妇女规划妖艳新奇之装束，美其名曰新妆公司"，明眼人一看就知道这位被羞辱的"美术家"即江小鹣，"交际之名某女士"即为陆小曼，而"裁衣店"即已被炒得轰轰烈烈的云裳公司。文章最后说："自有新妆公司出，而街上妇女奢靡之风，特十百倍于曩日矣"。这里也在拿"奢侈"话事。

时而一块豆腐干见方的文字却具杀伤力。如《晶报》说云裳公司开幕那天"在邻居 Belle Mode 空屋进茶点"，而《罗宾汉》的一个小报告说云裳擅自使用了这间空屋，遭到其主人的抗议，要云裳代付一月房租。或如一篇《瞥见》的短文："法国公园中，瞥见一少女，短衣窄袖，作唐瑛装。一少妇，长裙革履，作小曼装。一人高鼻，如诗人志摩；一人垢面，如画家小鹣。见者皆不识伊谁，后详细调查，即唐瑛、小曼、志摩、小鹣，所穿之服装，乃云裳公司新绣品也。"寥寥数语犹如惊鸿一瞥，而作者署名"靡丽"，即含讽刺之意（《福尔摩

这样的上海怎能廉洁？《福尔摩斯》1927年8月23日

斯》8月23日）。文章旁边还配一小幅漫画，以夜间跳舞会为背景，近处一双女子高跟鞋的大特写，一个男子抱住鞋跟。漫画的标题是："这样的上海怎能廉洁？"

对云裳公司轮番围攻，此起彼伏，有的文章甚至说女子的奢靡之风会造成家庭破裂、社会惨剧，因此指斥江、陆等为"社会罪人"或无"心肝"者。其实给云裳泼的脏水，耳光仿佛扇在《上海画报》《晶报》的脸上，直到一个月之后，即9月9日《晶报》刊出包天笑《到云裳去》一文，终于大佬出手回击，文中看不到丁点硝烟和火气，却字字重磅，掷地有声。

上面提到过这篇文章,在对云裳公司的内部结构与经济状况做了介绍之后,包氏议论说:

> 试思上海繁华之区,一二成衣之匠,略有新思想,即不难致富,其实此为不学之徒耳。今集多数之艺术家审美家,以创此业,安可与之相挈乎?且衣本章身之具,人同爱美之心,明乎社会心理学者,知非可以强事阻遏。今以云裳公司为提倡奢侈者,是昧于时势之言。依我之所谓侈者,则异乎是。裹嫫母以金珠,披无盐以罗绮,始谓之侈。若轻裾丽服,不属于美人者,又将谁属耶?我非袒云裳,中国而日进于文明之域,宜有此组织也。

明眼人一看即知,这里在驳斥《福尔摩斯》等报的"奢侈"论调,所谓"昧于时势之言",从文明进化的观点称赞云裳的一班艺术家、审美家,谓其从事于美化日常生活是有别于唯利是图的高尚事业；且爱美是人类天性，至于只有美人才配得上"轻裾丽服"的说法，似过于绝对，若看到今天花大把钞票去整容拉皮也被当作值得艳羡的"奢侈"时，不知包氏会怎么想。其实《福尔摩斯》《罗宾汉》的"奢侈"论含有爱国和排外的意识形态，而包反而显示出一种世界主义的视野。此文无非讲些常识性道理，却写得火候老到，如此小报式"骂战"，也庶几"民国范儿"矣。

在下一期《晶报》上有张丹翁《六朝神髓》一诗："《到云裳去》标题在，钏影写得妙盖代。左看右看看不败，眼下书家谁与赛？除非一人钱老芥，文章洛诵并可爱。对此真美欲下拜，我几搁笔无可卖。"像大多数张氏的"捧角"文字一样，这里对包文也不吝赞颂，借此却代表了报纸立场，嗣后"奢侈"论也差不多烟消云散了。

云裳更衣记

晚清有林黛玉、张书玉等妓界"四大金刚"在四轮马车上以奇装异服招摇过市，"时装"一词出现在吴友如的《飞影阁画册》中，至民初以来报纸杂志对于欧美仕女服饰及鞋帽新款一向津津乐道，然而至二十年代如张爱玲说得有趣："军阀来来去去，马蹄后飞沙走石，跟着他们自己的官员、政府、法律，跌跌绊绊赶上去的时装，也同样千变万化。"（《更衣记》）时尚变化最为莫测，不断遭到本土身体、习俗的反弹，其间中西物质文化交流的诡谲风云殊为复杂。云裳公司被誉为开风气之先，不光有独家店面，还在于以"艺术"作招牌。吴昊的《都会云裳》一书讲中国现代服装的变迁很见功力，书中认为二十年代后期"时装观念确立"，或许更确切的，如《良友》杂志指出："'新'只管'新'，'美'却还没有达到。"（1926年第8期）因此云裳公司标志着"时装"观念的某种质变，这与上海消费社会的发展逻辑有关，而云裳只是瓜熟蒂落的表征。

远的不说，1926年初新新百货公司落成，由是形成"四大百货公司"，把南京路点缀得愈加花团锦簇，继而绮华妇女用品商店开张,《申报》新辟"本埠增刊",宣传妇女服饰,鲁少飞等人的插图为服装注入艺术元素,这里必须提到年底由联青社举办的"时装展览会",是为上海时装秀之始,更为瞩目的是名媛贵妇纷纷登台,上流阶级在市民社会的中心舞台亮相。

唐绍仪先生女公子

联青社是由一批留学海归而活跃于商界的人士所组成,为募集儿童诊所经费在12月16、17日在夏令配克大戏院举办时装游艺大会,观众当中西人占三四成,有武术、短剧、音乐等表演,大轴是服装表演,分古装和时装两场,各有十余

范文照夫人

位登台。是日盛况空前,有人形容说散场后接连五百余辆汽车接送,任矜苹、程步高等一班电影导演到凌晨一点才打到的士。连日来各报都有报道,不寻常的是这回由西人主办的《大陆报》打头阵,该报主笔唐腴庐是唐瑛的哥哥,在组织时装大会方面出了大力,唐瑛有为游艺会弹奏琵琶的表演节目,自然是亮点,所谓"云裳公司有去年轰动上海时装大会的太太小姐们做股东"(《上海画报》,8月12日),大概与唐瑛有关。《新闻报》《上海画报》《罗宾汉》等争先恐后刊出贵妇们的服装照片,其实

联青社"时装展览会",《上海画报》1926年12月18日

都是根据《大陆报》翻制的。参加服装表演的有唐绍仪的女公子（当时还不叫"模特儿"，仍限于给美术作裸体写生者），还有商界大亨虞洽卿之女，身穿嫦娥奔月的古装，是虞洽卿特地向京剧名角王芸芬借来的。

云裳之所以延期开张，还因为8月4、5、6三日唐瑛、陆小曼、江小鹣要在中央大戏院的"妇女慰劳会游艺会"上表演节目。这次活动很有来头，是由白崇禧、何应钦等国民党高层的夫人们为了慰劳北伐将士而组织的，其实也是动员沪上上流社会拥蒋的表示，果然南京总司令部对此嘉奖有加。

不过唐、陆等乘机为云裳组织了一次时装展览会,即第二晚游艺会演出结束后,如7日《新闻报》上空我的《艳歌趣屑记中央》一文所描写的:

> 演戏既毕,殿以唐映、郑慧琛诸女士之时装表演。登场者共九人。场上列花篮若干,诸女士款款而出,则见莺锦微拖,桃绫薄傅,香罗叠雪,细葛含风,服装极绮丽绚妍之致,偶尔花前踯躅,不啻临波微步也。俄而诸女士各执红色纸片,向台下力抛,如蛱蝶争飞,观众争先拾取,及一检视,乃云裳公司之开幕广告耳。

这些也即有香水味的卡片,淑女们登台为云裳品牌作秀,不料工部局来人说场地租借的时间已过,要熄灯赶人,所以匆匆收场。

云裳开张那一天,《新闻报》上《云裳零锦》一文对店中情形描写曰：

铺面四周之窗橱中，均陈列花花绿绿、珠零锦彩之华服，勾心斗角，雕龙画虎，精美绝伦。陈列者约有数十袭之多，各色齐备。

另有一女衫，最为别致。上半身制成一字襟式，用粉红银丝滚绣，下半身为白色软缎所制。两袖又十分宽大，远望似一前清之旗装，细察又如现代之舞衣。

拾级登楼，二层前部东者为试衣室，其窗帘为彩色之纱所制，射入光线，亦成紫罗兰色。四周满设小椅圆桌，以备顾客试衣之用。最奇者为椅上所置之软垫，其式制成蟹形，八足二螯，宛若逼真，用虎黄色锦缎所制，十分曼妙。其外种种坐垫，如雪藕慈菇等式，各各不一。

铺中布置，闻为法国巴黎最新之未来派式。门窗墙角,俱有金漆铁雕之云,头式甚别致。

每衣服悬一小纸牌,书价目,其贵者约五十元。有黑绸盘白纹之西式者一,闻殷明珠女士已定去,价为三十五元。非衣料贵,盖手工繁耳。

室中桌椅,低小而精,咸特制者。橱窗中置轻纱衣数袭,有一白纱盘黄缎者,成蜘网状,并一斗篷与焉。左橱窗旁有一小橱,悬黑地盘金之纱一种,曰巴黎定制品,价殊贵,每尺须二十元也。

因此文章说:"是以美的思想,令人见之,油然而生。"(8月8日)云裳还策划过别的时装展,如1927年11月在辣斐德路(今复兴中路)举办"汽车服饰展览会",各商店陈列产品,云裳公司也参展,其照片见诸《上海画报》中,题为"汽车展览会中之云裳公司之新装表演",由此可见近年来火爆的"车模"早有过实践,却没那么妖娆撩人,不失淑女范儿,清一色旗袍,倒印证了1926年旗袍开始风行的说法。滚花镶边、贴腰收紧、外披马甲等不同款式,而裙长过膝,袖口至肘,仍显得拘谨矜持,也是当时风气。其时云裳走中西合璧路线,从《上海画报》上陆小曼、尚小云、雅秋五娘所穿的服装来看,富于艺术创意。

云裳发出请柬定于开幕三天招待顾客,第一天请的是文艺界与名流闺媛,第二天是电影界明星,第三天花界诸姊妹。可见其以高档消费为鹄的,如有的标价五十元,有人指责一

汽车展览会中之云裳公司之新装表演,《上海画报》1927年11月12日

云裳公司设计时装

尚小云

陆小曼

雅秋五娘

件衣服要"百数十元"。虽然周瘦鹃等一再说云裳也制作价廉物美的服装来满足大众需要,如有一件标价为十元的,但毕竟是装点门面的。连续几天显得热闹非凡,来光顾的有《字林西报》记者与夫人、张啸林夫人、杜月笙夫人等,三天里做了两千多块钱的生意,事实上不尽如人意。《上海画报》记者吕弓和黄梅生《云裳候星记》一文中不无失望地说他们在云裳恭候明星们光临,而第二日仅来了二位,第三日只有雅秋五娘一个人到场。

云裳经营不善,江小鹣等人毕竟不是生意人,更遇到新起强劲的竞争对手——至今仍在南京路上的鸿翔服装公司。创始人金鸿翔是南汇人,可说是地道的本帮裁缝,1927年在南京路上张家花园附近开设鸿翔服装公司,不到一年发展至五开间门面,12月20日假座于卡尔登举办时装展览会,同台作秀的不光有本地闺媛,还有黄发碧眼的"西方美人"。各报广告也做得相当热烈,声称"与西人为艺术上之竞争",且自称:"创样师系巴黎衣服专门家充任,工师三百,各尽皆出类之人才，故出品衣服，均仿法国始见之新样，而合以华人之体格而成。"口气比云裳来得粗大而实在。但是鸿翔公司的崛起缺乏文化资本，在举办时装展览会之后，照例要与各界名流打招呼，12月6日《罗宾汉》刊出一篇记者写的《大西洋鸿翔宴请记》，说鸿翔在宴请报界之后又在大西洋西菜馆设宴招待电影界，但到场的仅有男星王元龙，半小时后女星周文殊姗姗来迟，"刀叉未动，即挟王元龙返公司拍戏去矣"，这种场面与云裳公司没法比。次年5月16、17日鸿翔公司、先施公司与亨德利钟表行等二十余商家在卡尔登举办了"时装竞赛歌舞大会"，号称展出"中外衣饰五百余件"，由鸿翔设计的六幅夏装照片在《上海漫画》上刊出，表演者并非名媛闺秀，少了点气质，不过没有大咖压场，倒显出服装是主打，更具商业特色。

有趣的是北京也在1928年1月11日有"古今妇女服装表演会"，照片刊登于《北洋画报》。在协和礼堂举行，场面豪华，表演者多为名媛闺秀，旗装表演是一大特色。

《上海漫画》1928年6月

张爱玲《更衣记》说："我们的时装不是一种有计画有组织的实业。"相对于巴黎规模宏大垄断一切的服装公司而言，"我们的裁缝却是没主张的"，一味追随"公众的幻想"，因此"中国的时装更可以作民意的代表"。张氏的评说犀利而有趣，不过不应忽视的是从云裳到鸿翔的某种专业化趋势。据记载，鸿翔公司"高价订购巴黎出版的女式时装月刊、季刊及美国最新大衣样本，作为设计参考，使鸿翔女装式样不断

古今妇女服装表演会,《北洋画报》1928年1月21日

推陈出新。自1935年起,鸿翔重金聘请犹太人好思办克为设计师"(顾元鹏、周纪芳,《记鸿翔时装公司》)。这么做也是唯巴黎、纽约风尚是从,自己甘心做"裁缝"。这一点挺有意思,尽管鸿翔的生意经不错,然而远不如云裳那么富于文艺气息,对于《上海画报》《晶报》来说,也就觉得缺少感情的消费价值了。

从时间节点看,鸿翔的发迹之时正是云裳大触霉头之时。前两日即12月17、18日《福尔摩斯》和《小日报》分别爆出陆小曼和翁瑞午的"按摩"艳闻,徐志摩、江小鹣、陆小曼、翁瑞午不得不向法庭递进告状。不论这是否直接给云裳带来负面冲击,此时云裳的广告逐渐从各报撤下,接着即发生公司内部的权力更替。

一袭乱世的绣袍

云裳的意义远胜于服装。二十年代末政治上动乱走向秩序乍暖还寒之际,将烬的火花尽情迸放,云裳如漩涡里一朵浪花,从中折射出新旧京沪文化潮流的辚辐折冲的投影,然而一种新的可能开始即终结,令人慨叹。海归江小鹣以艺术美化日常生活,放下身段,被人讥为可惜,倒未尝不值得嘉许。徐陆南下即与上海市民社会打得火热,陆小曼自不消说,大小传媒对她众星拱月,锋头之健盖过南斗星唐瑛,大有喧宾夺主之概。徐志摩似显得被动,为了给小曼造势,和江小鹣等人连夜赶制成《上海妇女慰劳会剧艺特刊》,徐在《小言》中说:"我们谁不想早一天庆贺北伐的成功?"与上海人分享国民革命的凯旋,也有他的一份政治热情在。这份《特刊》里陆小曼是主角,刊登了她的多幅戏剧照片,还有一篇《自述的几句话》的短文,讲她对新旧戏剧的看法,极有见地,为众多小曼传记所不收。还有洪深、周瘦鹃的文章以及唐瑛的剧照,妇女慰劳会的发起人白崇禧夫人、何应钦夫人和郑毓秀博士的照片。这位郑博士是个女界伟人,名气不下于蔡元培,与徐陆关系密切,后来当小曼遇上名誉危机,她在背后运筹帷幄,助以一臂之力。《特刊》是一份新旧文人与政治合流的有趣见证。它能够赶印出来，少不得要靠周瘦鹃在大东书局的人脉关系。

此时陆小曼处于漩涡中心，要当交际界领袖，又要写诗唱戏学画，处处要强又认真，竭力展示其气质和才华，不甘做花瓶。看来压力过大，体质上又先天不足，一吃力就要晕厥过去，后来抽上鸦片，也是给精神减压。至于碰到痴缠的翁瑞午，对志摩是克星灾星，对小曼却未必。想想志摩天性浪漫，乃世间少有之情圣，但是他的浪漫是诗意的观念的，而不是生活的感觉的，这方面大概吃了五四新文化的亏。

市民社会首重家庭价值，因之悬挂着私密空间。十多年前在周瘦鹃小说里就有一种中产小家庭，男的会拉繁华令（violin），女的会弹批霞娜（piano），周末参加友人家庭派对，饮白兰地，抽雪茄。如果这样的描写多半出自想象，那么云裳公司就意味着中产阶级已成为社会实际，而周对它的热情也异乎寻常，把他的一班好友都拉来入了股。在对待徐陆的感情问题上可见他的细心，先是竭力塑造一对新派幸福"伉俪"形象，后来意识到出了问题，对小曼仍追捧有加，这方面对她十分偏袒，也是在维护脆弱的体面而已，而《福尔摩斯》《小日报》等搞颠覆、捅漏子，其实背后也有维护一夫一妻制的公众伦理的支持。

在这场南北新旧的融合中，徐志摩是失败的。嘲笑他大鼻子、近视眼，或说他台上演出像"机器人"，尚不乏反讽式善意，却也有恶意中伤的，如1928年1月16日《小日报》上《诗翁倒霉记》一文对徐志摩大肆丑化，说他在课堂上讲错古文而出丑，或被学生在背上画乌龟等事，这些跟徐在北京所享的盛誉大相径庭。相比之下当时身居上海的胡适则显得和光同尘，本来小报对待新派人物颇多訾议，对胡适却特别买账，不乏敬意地称之为"文学叛徒"，有所报道多出自正面。在妇女慰劳会演出期间，胡适三晚都到，坐在楼下十元席中，还花了二十元买了两朵花和两册特刊，因此记者称赞说："诚热心公益也。"（《上海画报》，8月8日）不过胡适也特别会做人，对待小报也出诸理性，不张扬，不招惹。在胡适研究中，他与市民社会的关系,对于理解他的生平和思想大概不是可有可无的题目。

云裳激发创意,给都市文化带来新的契机,结合时装、艺术和商业而出现一种多元跨界合作的可能。如上海影戏公司的但杜宇打算与云裳合作,将云裳出产的新装摄制成影片,在银幕上作推广。另外云裳的广告本来具艺术意味,不无吊诡的是1928年起其广告几乎销声匿迹,却奇迹般重现在4月里创刊的《上海漫画》上,每期都有,这完全是主编叶浅予的缘故,他在《细叙沧桑纪流年》一书里说:"有时画画时装设计图,因而受到云裳时装公司的邀请,当了一个时期的时装设计师。"这应当是张幼仪主持的云裳了,可惜语焉不详。这些广告应当出自叶浅予或鲁少飞的手笔,配合四季变化,常常花样翻新,就服装广告而言,可谓绝无仅有。不过有趣的是,一般在广告旁边另有画家署名的时装画,各有标题和题词,具个人风格,像是他们精心设计的款色,却不一定是云裳公司出品,相较之下,那些广告画就显得略为粗

云裳广告,《上海漫画》第 1 期

糙了。

"云裳"取自李太白《清平调词》之首句:"云想衣裳花想容。"含有唐明皇与杨贵妃奏乐赏花的典故,因此云裳的洋名是 **Yangkweifei**(杨贵妃)。据《太真外传》载,正值盛唐开元中,沉香亭前牡丹盛开,明皇与贵妃赏心悦目,李翰林奉旨作《清平乐》词三首,由李龟年谱曲,"太真妃持颇黎

少飞："初夏的新装",《上海漫画》第 7 期

浅予:"新装",《上海漫画》第 30 期

云裳广告,《上海漫画》第 30 期

七宝杯,酌西凉州葡萄酒,笑领歌辞",而风流天子也甚可人意,"因调玉笛以倚曲。每曲徧将换,则迟其声以媚之,妃饮罢,敛绣巾再拜"。不消说与民国时代相始终,这位贵妃娘娘向来是大众传媒的眷宠,各种文学与影视表现层出不穷,其"回眸""出浴"之类的景观为海上的浮世繁华平添几许说不清的惊鸿顾盼、长恨绵绵。而在二十年代末也比较特别,就在云裳公司开张前后,1927年7月《妇女杂志》刊载了日本画家高畠华宵的七幅根据白居易

高畠华宵,春寒赐浴华清宫,《妇女杂志》1927年7月号

电影《杨贵妃》剧照,《申报》1927年12月12日

《长恨歌》画的《长恨图》,梅兰芳于1926、1928年岁末来沪演出《太真外传》,皆风靡一时。至年底但杜宇的电影《杨贵妃》上映。这是一部宫闱大片,在《申报》上刊出的剧照是影片中一段"美女棋"的场景。两边高台上以唐明皇为一方,以杨贵妃和安禄山为另一方,他们在下棋,即面对一张大棋盘,有32个女子充当棋子,随着各方的指令在盘上走动。但

梅兰芳，太真外传出浴图，
《时报图画周刊》1926年12月12日

杜宇拍电影追求唯美主义，像这个段子极富创意，可惜这部影片没能保存下来。其他把杨贵妃作新闻套路的不胜枚举，电影明星韩云珍将在《唐宫艳史》中扮演杨贵妃，在云裳公司订制服装，一则《云裳公司之杨贵妃》的报道便出现在《罗宾汉》中（1927年9月7日）。年底又有明星公司杨耐梅和阮玲玉主演的《北京杨贵妃》上市，也等于凑热闹了。

至此可明白，有这样富丽堂皇香艳绝伦的历史做底色，当日云裳的轰动效应中须有"力必多"内在驱动，正如8月15日《上海画报》上张丹翁《捧云裳》曰："上有天堂，下有苏杭，苏杭中心，是曰申江。/第一美术，却在谁方？到云裳去，去到云裳。/第一美人，又在谁行？不曰唐陆，即曰陆唐。"其实，无论唐陆还是陆唐，早已是剧本里派定的角色，没了她们，云裳公司难得如此活色生香。

梅兰芳之太真外传，
《上海画报》1928年12月24日

尽管如此，为今人不断回味的云裳公司，实际上是唐陆的云裳，却如昙花一现，前后不过半年，犹如一颗彗星划过，其炫目的光亮永久黏附于上海摩登记忆中。把唐瑛、陆小曼与杨贵妃拴在一起，幸与不幸，却是个乱世的隐喻，在转瞬即逝的绚丽之中，不妨借用张爱玲的一个比喻：犹如一袭华美的袍子，爬满了自杀他杀必杀的虱子。

1927年上海戏台风云

在我手头是一个京剧经典唱段碟片的封套,印有荀慧生、程艳秋、梅兰芳和尚小云一起演戏的剧照,一字儿排开,皆一色头戴凤冠,手举偌大羽毛折扇。这张照片在别处也见过,最能表现"四大名旦"翩翩华贵的盛况,令我寄投过多少荡气回肠的遐想,那不就是"民国风范"吗?后来——似乎很不幸,我发现了这张照片的出处,在1928年4月11日《北洋画报》上的一张相似的照片,不是四人,是六人,另有小翠花和王幼卿,标题是"名伶合演六五花洞之奇观",解释道:"上月摄于北京铁狮子胡同张宗昌督办宅中。"一模一样的服饰,没举羽扇,前面坐着六位丑角。后来又在4月15日的《上海画报》上看到通常我们见到的手举羽扇的那张,也是六

《六五花洞》,荀慧生、程艳秋、梅兰芳、尚小云、小翠花、王幼卿(自右至左),《上海画报》1928年4月15日

个人，解说"戊辰三月间之北京堂会"，应当同样是在张宅演出时所摄。见到网上有四人照，说是"30年代初期四大名旦成名后的合影"，如果把它和原照对比，可见小翠花和王幼卿两人是被切除了的。

真不想知道真相，面对历史是一种残酷。倒不是因为张宗昌，而是那张被剪裁的照片如一具"历史"的残骸始终在我的脑洞里，埋葬了天真岁月。不过二十年代末的上海旧戏舞台日日新，四大名旦络绎南下，引发阵阵骚动，同时也出现一个新现象，即女伶越来越多，大多

筱香红、金友琴，
《紫罗兰》1928年9月

扮演旦角。上海人既疯迷四大名旦，也赞叹坤伶的自然美。1928年9月周瘦鹃主编的《紫罗兰》杂志推出"南北名优号"，四个版面登刊了金友琴、筱香红、琴雪芳、容丽娟、马秀英、马艳云、孟小冬等七位的照片。11月起《上海画报》三期刊出"名女优号"，亦文亦图地推奖了大量女伶，盘点公众记忆，对于被该报捧红的北来坤伶们尤其津津乐道。

孟小冬、马艳云、马秀英，
《紫罗兰》1928年9月

陆小曼在北京就喜欢唱戏，来上海之后演了几场戏。自从认识了翁瑞午而跟他学戏，因体弱多病多亏翁擅长推拿手到病除,又跟他吸上了鸦片,徐志摩为此仄逼无奈。这一段家庭隐私给小报《福尔摩斯》作了影绰可辨的色情渲染,致使陆徐等人将该报告上法庭而闹得满城风雨。说来也气数,起始于《思凡》和《汾河湾》,终于《玉堂春》,前后五个月一汰刮子串了五场戏,灵光一现就此告别了舞台。算不上退出历史舞台,但从此这位名震南北的"交际明星"几乎在交际场域中销声匿迹。

对于这些我们有的知道,好多还不清楚。其实陆小曼演戏这件事远非这么简单。我在《陆小曼"风景"内外》中已提到她力捧小兰芬含有戏剧改良的意涵,实即

容丽娟,名女优号,《上海画报》
1928年11月27日

孟丽君　　筱兰春

名女优号,《上海画报》1928 年 12 月 9 日

推动了女伶崛起的潮流。而她所参与的妇女慰劳会更涉及"四一二"之后上海的政治舞台,其间的戏中戏、戏外戏牵动各界名流、文化势力、传媒与大众欲望,比起当时流行的"革命加恋爱""三角恋爱"的小说段子实在要闹猛复杂得多,所谓陆小曼是"一道不可不看的风景",其中最富戏剧性的莫过于她在上海的唱戏风波。

慰劳北伐的感情动员

1927年7月16、17、18日一连三天，在南洋大学举办了对上海人来说颇不寻常的"妇女慰劳前敌兵士游艺会"，当然由女性主办，牵头的是何应钦、白崇禧、郭泰祺等国民党高层的夫人们，还有赫赫有名的女界豪杰郑毓秀、号称"南斗星"的交际明星唐瑛。以往这类游艺会有过不少，一般以赈灾募捐为目的，但这次游艺会借慰劳北伐兵士的名头，明显具政治性。时值"四一二"之后，蒋介石在南京建立了新政权，正加紧对上海的控制，相对于各种军政措置，这一5月里就开始筹备的游艺会正紧锣密鼓，说是打算筹募一万元，用来换购物品支援北伐前方，其实更重要的是为国民党造势，作一种民间的感情动员，也借以冲刷"清党"的血腥记忆。

开幕那天会场门口都是鲜花和柏树，飘扬着青天白日旗，主席台上挂着孙中山遗像，两旁是"革命尚未成功，同

游艺会发起人白崇禧夫人、郭泰祺夫人,《上海画报》1927 年 7 月 15 日

志仍须努力"的"总理遗嘱"。郭泰祺夫人在开幕致辞中交代组织这次游艺会的"缘起":"因为这回北伐军队,确是有主义的团队。在中华民国历史上,甚或在中

何应钦夫人,《上海画报》
1927 年 7 月 18 日

国全部历史上,差不多寻不出一个有主义的军队。……这回北伐军转战数千里,历时一年有余,然上自将领,下至兵士,均不以金钱思想或地盘思想萦绕心中,至今仍继续北伐,努力杀贼。所有克复的地方,得完全置于国民党主义支配之下,与国民党领袖统治之下,这在中国历史上实在是创见。这样的军队,实在值得民众的慰劳。"所谓"国民党主义"当然是指"三民主义",但从中可嗅出以蒋介石为中心的

一个政党、一个主义、一个领袖的"党治"已扑面而来。会场里四处张贴着"废除婢妾制，打倒不革命的妇女"之类的标语。

有意思的是青天白日旗已经被叫做"党国旗"，无形中改了国体，民国的共和五色旗被取代，人们已把"党国"挂在口上，不管是否明白其中的意涵，中华书局已经推出《新中华教科书》，在鼓吹"党化教育"。各种各样支持北伐的游艺会紧锣密鼓，电影界也成立摄片助饷委员会，准备摄制以"青天白日"为题的影片，称颂蒋介石的文字也不绝如缕，一张小报上称他为"乱世英雄"，所谓"内制军阀之蹂躏，外御帝国之压迫，吾辈小民，仿佛重见天日"(《小日报》1927年8月4日)，寥寥几句画出了一派箪食壶浆迎王师的景象。

从游艺会节目单来看，三天里从下午四时开始到午夜，像大世界游乐场一样各类表演不下四五十种，除了个别小提琴或歌剧，诸如武术、魔术、电影、话剧、京剧、滑稽戏、口技、大鼓书等应有尽有,极具本土特色。许多演艺界名人如胡蝶、郑正秋等都来串场子,特别是黎锦晖的中华歌舞团承担多个节目,其爱女黎明晖的《大葡萄仙子》大出风头。当然演出出自自愿,比如节目里有杨耐梅唱《乳娘曲》,结果放了白鸽。会场里兜售东西是募捐的一种方式,洪深花一元四毛买了花和糖果,分给朋友吃。在游艺会里也可看到与黄金

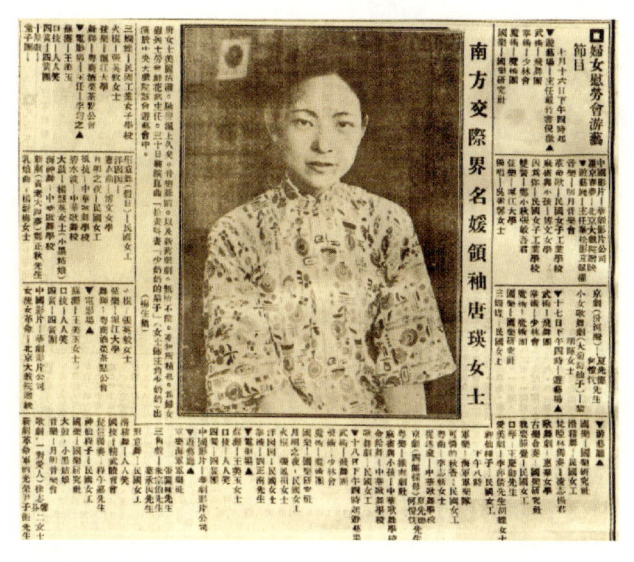

南洋大学妇女慰劳游艺会节目单,《上海画报》1927年7月15日

荣、杜月笙齐名的黑道头子张啸林，带着几个持枪的随从，他们在"四一二"时帮蒋介石镇压共产党，此时张啸林已经是总司令部少将参事了。

陆小曼没跟游艺会沾边，然而7月15日开幕前一日，《上海画报》特地制作了"妇女慰劳游艺会特刊"，她的玉照却出现于头版，标题曰："北方交际界名媛领袖陆小曼女士"，介绍说：

北方交际界名媛领袖陆小曼女士，《上海画报》1927年7月15日

> 小曼女士为徐志摩君之夫人，芳姿秀美，执都门交际界名媛牛耳，擅长中西文学，兼善京剧昆曲，清歌一曲，令人神往。顷任妇女慰劳兵士会委员，

并于本月三十日在中央大戏院该会开游艺会时，表演昆曲《思凡》，及与名画家江小鹣君合演《汾河湾》云。

有种说法是游艺会没能完成募款目标，所以要继续办，但《上海画报》这么预告月底将再度举办妇女慰劳游艺会，那时南洋大学的游艺会还没开始，募到多少还不清楚，这说明慰劳会早有计划，且不再是综艺大杂烩，而是以租借大戏院售票的方式，因此像陆小曼这样的"名媛领袖"出场，意义就非同一般。

徐志摩、陆小曼来上海之后很快成为社交界新宠。6月里《上海画报》已刊出过陆小曼的大幅照片，接着该报记者鄂吕弓的《陆小曼女士的青衣》一文说她喜欢唱戏，"倜傥风流，有周郎癖，天赋珠喉，学艳秋有酷似处"。但是这回她担任妇女慰劳兵士会委员，要登台亮相确是个大动作，促使这么做恐怕有各种因素。虽说小曼于京昆情有独钟，毕竟是个性要强,不甘在"诗圣"的光罩之下;她与徐志摩结婚已备受各方压力,与徐家关系也闹得很僵,从这角度她似乎要争口气活个样子出来。而且素来在交际场上迷倒众生,来到上海要么冷冻这文化资本,不然的话不鸣则已,果然一出场就盖住了南斗星唐瑛,就在这张《上海画报》上也有唐瑛的大幅照片,却被放到第四版上去了。担任妇女慰劳兵士会委员多少带点政治性,这也有家庭渊源,她的父亲陆定早年留学日

游艺会发起人之一郑毓秀,《上海妇女慰劳会剧艺特刊》

本便加入了同盟会,在北京历任税务司长等职,袁世凯当政时受到压制,差点被枪毙,现在国民党得势,表示支持也顺理成章。

其实为游艺会表演京剧,是陆小曼主动提出,唐瑛极为赞成(《上海画报》7月12日),然而她担任慰劳委员会的干事,有个人物不能忽视,即郑毓秀。徐志摩在1919年的留美日记里写道:"郑毓秀女士,革命巨子。曾与汪兆民谋炸摄政王。其后历经印度、东瀛,留法巴黎大学,新以法律学士卒业,由美回国。今晚大放厥词,讲当日不签字经过情形,声容并茂。此君浓眉高额,雄喉杀眼,真女丈夫佩真、群英之俦匹也。"(《徐志摩未刊日记》,北京图书馆出版社,2003,页145—146)所谓"不签字经过"指的是1919年6月郑毓秀随从外交总长陆徵祥赴"巴黎和会",而中国政府没在和约上签字,郑毓秀起了重要作用。志摩对她敬佩之至,却以"雄喉杀眼"来形容,大有吓煞宝宝的意味。徐陆在上海时,郑毓秀是上海地方审判厅厅长,夫妇俩对她十分恭敬,这在下面还会说到。

做《特刊》胳膊朝里弯

将演出两出戏,从马后炮立场看,对小曼的身心都不免超载,但是英雄时世水涨船高,满弓之箭不得不发。接下来徐志摩忙煞,起劲为小曼登台做宣传,与黄梅生、江小鹣、洪深、余上沅、周瘦鹃等人通力合作,制作了一份《上海妇女慰劳会剧艺特刊》。

其实小曼唱戏,先是在朋友圈子里流传,吕弓在《陆小曼女士的青衣》里说,志摩陪小曼一同唱戏,"此一对玉人,同好,又同志,其伉俪间的乐趣,必较常人高胜一筹也"。对此志摩非常窝心,因此把他自己和小曼唱戏捆绑在一起,至于后来插进翁瑞午,情况起了变化方悔之无及,那是后话了。

这份《上海妇女慰劳会剧艺特刊》做得考究,由江小鹣设计,黄梅生提供照片,文字编辑由徐志摩负责,印刷方面周瘦鹃去搞定,与他相熟的大东书局以印刷精良著称。忙了一个礼拜把这本《特刊》赶了出来,还多亏游艺会的日期被推迟，改在8月4、5、6三日，方能及时送到会场发售。《特刊》中有白崇禧夫人、何应钦夫人和郑毓秀博士的照片，这些大菩萨不可或缺，但精心打造的却是美女主题，也即近十幅陆小曼和唐瑛的照片。按照节目安排，第一、第三夜由唐瑛主演王尔德的《少奶奶的扇子》，第二夜是京昆专场，陆小曼将演出昆曲《思凡》，还有她和江小鹣、李小虞合演京剧《汾河湾》。唐瑛也演出昆曲《牡丹亭》中《拾画叫画》的折子戏。

　　文字部分黄梅生的《勘校以后》谈《特刊》的编制过程。其他则关乎唐瑛和陆小曼——为这次游艺会担纲而成为瞩目聚焦的南北交际明星——别苗头，有看头。洪深是《少奶奶的扇子》的编剧，他在戏里也演一个角色。他的《戏剧与时代》一文高屋建瓴强调艺术应当是"时代的社会写照"，并呼吁要跟上形势："在革命的时期中，种种标准，有的正在推翻，有的正在整理，有的正在创造，从前所认为极重要争执的事项，现在视为平常，或者不成问题了。"又说为这次重排《少奶奶的扇子》做了改动,但是已经跟不上时代了,所谓"从民国十三年夏至十六年夏只有三年,剧本的过时就是社会的进步",此乃指北伐革命所带来的社会急速变动而言。余上沅在《唐瑛的扇子》中推崇王尔德的"唯美主义",说王的作品"只是怪得有趣,看得有味罢了;没有劝善,没有规过,没有怀疑道德,没有研究问题,一出戏就是一出戏"。余氏大谈《少奶奶的扇子》的掌故,自这部作品出世起这把"扇子"就一直在舞台上扇动着王尔德的"流风遗韵",而"这回摇动扇子的少奶奶不是别人,却是极合身份而又有表演天才的唐瑛小姐"。余上沅是志摩的朋友,他们和梁实秋等开办了新月书店,受到《上海画报》的关注,1928年3月3日刊出余氏夫妇的照片,称余为"新月书店主人"。

同样是捧场话,周瘦鹃的《小曼曼唱》说得过于讨巧。他对陆小曼的《思凡》借题发挥,说以前看过这出戏,总觉得把那个小尼姑演得"太呆木太平凡"了,而看过陆小曼的排练,"一颦一笑,一言一动,一举手一投足之间,都可以显出这小尼姑是个佛门中富有浪漫思想的奇女子革命家",这好似五四"新女性"套语,用在陆小曼身上或许恰到好处,但不够全面,其实另一出戏,《汾河湾》里的柳迎春则是贤妻良母的典范,薛仁贵离家十六年,她含辛茹苦把孩子养大,总算等到老公回来。不过命运无情:仁贵在回家路上见到一个孩子被老虎拖走,急忙对准老虎射了一箭,却误中孩子——天知道是他的儿子。

就文本主题而言,最有看点是徐志摩《小言》和陆小曼《自述的几句话》这两文。本来举办慰劳游艺会是为了支援北伐,这本《特刊》也体现了蓬勃向上的时代精神,而在徐志摩笔下更热血沸腾:

> 我们谁不想早一天庆贺北伐最后的成功?到了革命工作完全贯彻的那一天,他们谁不抵拼发一次狂,欢呼的声音震得破天,欢舞的脚步踹得破地,我们要狂喊,乱跳,为了一个制止不住的欢喜,

互相拥抱，快活得直淌眼泪，我们要惊动天上的神道，山林的魅魈，坟墓里的幽灵，一起来参加我们这超轶一切的大祝典。……我们不能不感念前方的将士，因为他们的职责是为民众争自由，为民族争光荣，为人道争威严。我们幸生在这大江南北，在今天还能相当的安居乐业，如何能忘却前方的将士们，他们牺牲了腔子里火热的血，替我们买回安全与体面，一方挡住北方的豺狼，一方抵住长江上游蜒下来的毒蟒，享福是我们的，吃苦是他们的。但他们却不怨，因为他们认定了为主义而死是无上的荣誉。我们想想这大热天躲在凉爽的屋子里有电风扇有冰水喝的福人们尚且嚷着难受，他们在前方作战过的又是什么日子？我们怎么能不尽点子心，凭我们力量够得到的，设法去慰劳这些为主义为民众效死力的同志！……

一如其新月派浪漫文体，志摩就有这么无人可及的天真可爱。如果照陆小曼说志摩是爱她的影子，那么即使从这影子里透出来的光芒也好比灼目烈焰。这是他最喜欢上海的辰光，和胡适、梁实秋等人办新月书店，又参与张罗云裳公司，正抱负满满！他倾情歌颂"为主义为民众"的北伐战士，这"主义"到底有多少分量，他也不见得了然。

此时胡适离开北京来上海不久，政治方面表现得相当微妙。7月18日《晶报》上一则报告说妇女慰劳会在南洋大学开幕时胡适上台作演讲。胡适喜欢看《晶报》之类的小报，应当看到了这条报道，就打电话给记者黄梅生。于是21日的《上海画报》上黄梅生说："胡适之君电话告予，谓'未出席妇女慰劳会，且本人非国民党，亦不便高呼我总理也'。《晶报》所载，稍误会。"所谓"不便高呼我总理"意为不必认同"三民主义"。胡适表明自己是党外人士，与国民党保持一定的距离。不过这不妨碍他后来参加中央大戏院妇女慰劳会的捐款活动。8月12日《上海画报》一则报道说："胡适博士、宋子文先生、魏道明律师均在楼下十元座中,胡适博士且以二十元购花二朵、《特刊》二册,且三夕俱到,诚热心公益也。"这个报道应当不假,看来胡适挺热心,不仅仅来为陆小曼捧场。

这次演剧的票价是中央大戏院十个包厢,每个一百元,订包厢的都是海上政商头面人物,其余座位分三等,头等十元,二等五元,三等三元。

徐志摩在《小言》里大段赞扬唐瑛之后,谈到陆小曼:

> 亚于唐小姐最卖力气的要算陆小曼女士。但说到她我似乎应得避嫌疑,因为碰巧,或是碰不巧,她不是外人——她是我的内人嘎!好在她戏唱得怎样随后自有专家指教,不消我来饶舌。她这次演戏,说实话,也真难为她,并不是说她别的,就看她那样的成天生病,本不该劳动的,医生不许,父母踌躇,就是我,看了她每回一练戏就头昏,一上妆

就要呕的光景,也未尝不有点儿疼惜她,可是她自告奋勇,说既经答应了,拼命也得给人家做。她身体的不中用,说来你们都不易信,这天又正热,我真的不由得为她捏一把汗哩。

对小曼的怜爱跃然纸上,令人动容。"自告奋勇"又"既经答应",可见内外交攻的境地。小曼知难而上,骑虎难下,大热天辛苦排练,其情可嘉,却偏偏身体"不中用"。志摩在这么叙述时,根本不会意识到正是这种怪病不久便引出比任何一种小说套路都要古怪复杂的情节。

像《小言》一样,陆小曼的《自述的几句话》也是一篇珍贵的佚文,写得乖巧又实在。首先作自我交代:"唱戏是我最喜欢的一件事情,早几年学过几折昆曲,京戏我更爱看,却未曾正式学过。前年在北京,新月社一群朋友为闹新年逼着我扮演一出闹学,那当然是玩儿,也未曾请人排身段,可是看的人和我自己都还感到一些趣味,由此我居然得到了曾串戏的一个名气了,其实是可笑得很,不值一谈。"以前学过戏,演过《春香闹学》,不过正是在新月社小曼和志摩相识并陷入热恋,按照磊庵的说法,志摩从英国回来后"在北京晨报当副刊主笔,颇负文名;与小曼见过几面,老早就拜倒在石榴裙下,某一次义务演剧,内有《春香闹学》一出,志摩充老学究,小曼饰丫鬟,曲终人散,彼此却种下情苗"(梁实秋《谈徐志摩》,远东出版公司,1987,页11)。这么说两人因戏结缘,这回要演戏有志摩在旁,心头甜美不用说,所以提这件事也特别有纪念意义。

小曼一再说自己素无演出经验而要上台表演,特忐忑,最后说:"没有法子,大着胆,老着脸皮,预备来出丑吧,只好请看戏的诸君包含点儿吧。"务请在地各位关照,俗话"拜码头"是也。但是她确实没有掉以轻心,十分明白"演戏决不是易事:一个字咬得不准,一个腔使得不圆,一只袖洒得不透,一步路走得不稳,就容易妨碍全剧的表现,演者自己的自信心,观众的信心,便同时受了不易弥补的打击,真难!简直我看读什么英文法文还比唱戏容易些呢!"考虑到"观众的信心"就不能任情使性,这么说好似一板一眼动真格的了。

说到为何要选唱《思凡》和《汾河湾》,因为前者是绝妙好词,后者感情异常丰富:"汾河湾确是个好戏,静中有闹,俗不伤雅。离别是一种情感,盼望又是一种情感,爱子也是一种情感,恋夫又是一种情感,叙会是一种情感,悲伤又是一种情感,这些种种不同的情感,在汾河湾这出戏里,很自然的相互起伏,来龙去脉,处处认得分明,正如天上阴晴变化,云聚云散,日暗日丽,自有一种妙趣。"这段评点大有传统诗话意味,不光要有才情,更须一种慧悟方能有这般体会。《汾河湾》是一出生旦唱做见功夫的经典老戏,谭鑫培、王瑶卿、梅兰芳都视之为必杀技。

在清末民初的北京,无论官场文坛,听戏捧角是家常便饭,小曼说"唱戏是我最喜欢的一件事情",想必久已受到环境熏染。她来上海不久《上海画报》刊出《陆小曼母夫人曼华女士小史》一文,介绍曼华吴姓,出身常州世族,"生而韶秀曼丽,且聪慧绝伦,妙解音律,笙笛皆其所长,兼工围棋,诗词清丽可诵",又说"女士庄重守礼,美名播于戚里之间",后来与名秀才陆建三结褵,夫妻"倡和甚欢"。此文作者是以小说《九尾龟》出名的漱六山人张春帆,文中述及家中姊妹与吴家姊妹有金兰之谊(1926年11月24日)。正当陆小曼的负面报道盛传沪上之际,张氏意在揄扬,似在说小曼家世清贵,其聪慧绝伦有遗传基因,因此对她的离婚再婚不宜以寻常眼光看待也。

不可多得的是陆小曼坦陈她对戏剧的见解:

> 旧戏里好的真多,戏的原则是要有趣味,有波折,经济也是一个重要条件。现代好多人所谓的新戏的失败原因是一来蓄意求曲折而反浅薄,成心写实而反不自然,词费更不必说,有人说白话不好,这我不知道,我承认我是一个旧脑筋,这次洪深先

生本来想要我做《第二梦》，我不敢答应。

"新戏的失败"说来话长，开始的时候叫"新剧"，也叫"文明戏"，民国初年一度兴盛，有一种代表"京派"的批评，具影响力的马二先生（冯叔鸾）嘲笑上海人只会看戏，不懂听戏，认为旧戏自有其审美价值，而新剧提倡写实而不自然，不合中国人的欣赏习惯。到二十年代像洪深的《第二梦》叫做"爱美剧"，现在一概称为"话剧"。陆小曼显然更喜欢旧戏，没答应演《第二梦》，不光是对新戏没感觉，在这么说"新戏失败"时，不管有人会不开心，实际上持着京派的批评立场，而且因为"词费"而扯到"白话"好不好，问题就大了。

很难把陆小曼归到"新"或"旧"的模子里，在婚姻问题上快刀斩罗网，属于娜拉式"新女性"，到后来又发生问题，其处理方式却至为复杂。如对于戏剧的看法，她不讳言自己是"旧脑筋"，当初《新青年》上胡适等人大力鼓吹"戏剧革命"，对旧戏大加讨伐，这些对她没产生丝毫影响。但是关于京剧的角色性别,她毅然反对男旦扮演,与鲁迅等新派人士同调。又如她所选择的《思凡》和《汾河湾》,一面是憧憬感情解放,一面恪守妇道,对于她的内心世界的复杂性来说也很富于象征意义。把新旧放在一起,不可能完全分而治之,有融合也会有冲突,但是不管发生来自内外的冲突,其中有着她一贯的感情逻辑在。

这本《特刊》做得精致,却不免胳臂朝里弯。按理说唐瑛要唱两夜的《少奶奶的扇子》,戏份更为吃重,相较陆小曼则显得逊色,这也是《特刊》略带家庭工坊色彩之故。尤其显得蹊跷的是陆小曼和唐瑛的照相。两幅唐瑛的均题为"少奶奶扇子中的少奶奶",几乎一模一样,只是镜头远近不同。而两幅陆小曼的则多姿多彩,一幅穿时装,是云裳公司定做的;另一幅前刘海发型,穿皮大衣,胸前一把打开的折扇,雍容华贵——分明一幅少奶奶扇子的扮相!这并非黄梅生所提供,是另在南京路上的光艺照相馆照的。无论有意无意,放在《特刊》里不免有抢锋头之嫌。

陆小曼

唐瑛

《妇女慰劳前敌兵士会特刊》,
《上海画报》1927年8月3日

思春尼姑与守德贤妇

8月3日陆小曼演出前一天《上海画报》又出"妇女慰劳前敌兵士会特刊",不少戏装照片预先曝光,其实是从《特刊》借过来的,包括上文说的陆小曼和唐瑛那两张手持扇子的照片,而小曼的那张登在头版,唐瑛的在第三版,虽然她的羽毛扇大得出奇,还是盖不过小曼的那把折扇啊。小曼演出之后传媒也是一片叫好,风头一时无二。8月7日《申报自由谈》上鄂吕弓的《红氍毹上说曼鹣》一文曰:

> 慰劳会之第二日,大轴戏为陆小曼女士及江小鹣、李小虞二君之《汾河湾》。三位演来,咸工稳异常,颇似富有舞台经验者。小曼女士之柳迎春,做工细腻,使腔新颖,出窑之身段,表情周到,潇洒可喜,可谓其美无极。貌丰腴而端庄,眸子尤精明。"儿的夫……"一段,歌来如珠走玉盘,宛转可

人。"还不见姣儿回来",由高渐低,令人生无限情感,快板一段,玲玲如振玉,累累如贯珠,不可胜赞。窑中对白,字字极爽利。"有志气,有心胸"两句,间以薄怒、悲怨之气,悉能传出,以鞋戏薛郎之表情,娇憨可爱,楚楚动人,及知丁山打雁身亡数句散板,如飘风急雨之骤至,闻者鼻酸,女士能将全剧之喜怒哀乐描写得入木三分,可嘉也。

鄂吕弓是《上海画报》记者,小曼的铁杆粉丝,报道赞不绝口,不过借此可见当时的演出情况。另外炯炯的《妇女慰劳会剧艺拾零》写道:"陆小曼女士昆乱俱擅,《思凡》与《汾河湾》,体贴戏情,前后俨若两人,《思凡》状情窦初开之尼僧,《汾河湾》写极目天涯之思妇,均曲曲入微。"8月9日《新闻报·快活林》副刊上老拙《中央聆歌记》一文对《思凡》有绝评:"陆小曼女士扮相映丽,做工活泼,妙人妙戏,名符其实。夙闻兼唱昆旦,无不惧《思凡》,则以独角戏,念唱数大段,更须唱中带做,好似万种春情,胥能一一溢于眉宇,而双睛流盼,又全视乎手中之拂尘以为指南,所谓传神阿堵,自非痛下功夫悉心研究不为功也。"说到《汾河湾》:"陆女士京昆兼奏,两演重剧,可谓为会中最出风头者矣。"看来小曼不仅有表演天赋,也可理解为何对唱戏如此迷醉,似乎在戏中更能安放她的丰富的情感世界。

当然唐瑛的《少奶奶的扇子》也得到热情赞扬,也有详加报道的,但总的来说媒体明显偏向陆小曼,其中文化资本与文化政治在起作用。同是名媛闺秀,不止要比拼颜值。唐瑛毕业于中西女校,其父唐威廉是沪上名医,兄长唐腴庐是《大陆报》主笔,也是宋子文的私人秘书。陆小曼生于上海,六七岁时跟随母亲入京,就读于西语学堂;她通晓英法文,更得益于她父亲专门请的家庭教师,因此这种旧官僚及世族背景在上海人眼里,则另具像唐家那种洋场新贵所缺乏的文化资本与怀旧价值。由于徐志摩的"诗哲"光环,有人介绍"陆女士是诗人的夫人,所以也做得很好的诗,平日最爱研究

陆小曼、江小鹣合演《汾河湾》,《上海画报》1927年8月3日

文学与戏剧,曾译一部《海市蜃楼》(不日由新月书店印行)"(《上海画报》,8月3日。按:《海市蜃楼》始终未见世)。这方面唐瑛不免又短了一截。论外貌唐瑛端庄大方,性格阳光,身材合度,是现代都市的产物,而陆小曼窈窕玲珑,多的

陆小曼《思凡》,《上海画报》
1927年8月3日

是一份好似弥漫着旧照片朦胧光晕的气质。从见刊于《上海画报》的众多照片来看,有稚气、淑贤、妩媚、幽静等多种变相,眉宇间总有一种难言的忧郁。就拿那张少奶奶扇子造型的来说,后来又用作9月号《良友》画报的封面,直视镜头的双瞳难得笑意微漾,风情含蓄。

在上海陆小曼更倾心于传统艺术,这也投合上流社会的雅趣。另一方面《上海画报》也在塑造一种中西合璧的名媛典范,在"风流儒雅"的标签中什么是"风流"什么是"儒雅"耐人寻味。如评论《汾河湾》:"陆小曼女士以名媛闺秀,扮幽娴贞静之柳迎春,可谓体合材符。"(8月3日)似在磨平她的娜拉式棱角。报刊叙事常以"娇小玲珑"米形容陆小曼，含一种"我见犹怜"的男性满足感，正像二十年代鸳蝴派杂志的封面女郎，宁可高成本采用绘画而不用照相，画中的现代女性无不苗条幽雅，传递古代仕女的美学意趣。

唐瑛、陆小曼两女士之滑稽叫画，《上海画报》1927年8月3日

小曼演戏，徐志摩鞍前马后须臾不离。夫妻俩唱戏的美名已流播人口，妇唱夫随似乎体现了志摩的民主价值，堪作现代丈夫的典范。小曼在台上，他颇觉失落之时，机会在向他招手。原来节目单上欧阳予倩有一场演出，此时他与田汉都在南京总司令部政治训练处负责培养话剧人才计划。据

《新闻报》上空我的《艳歌趣屑纪中央》一文，欧阳被徐志摩催促着赶过来，根据节目单他要演《人面桃花》一剧，但角色道具等均未齐备，临时改演了《玉堂春》，徐自己扮演了押送苏三的崇公道（8月7日）。另有人报道说："徐志摩先生演《玉堂春》，人咸疑其非饰王金龙，即饰刘臬司，孰意饰解差崇公道。滑稽突梯，全场鼓掌，当堂开枷后，徐仍侍立，院子不能忍，乃令下去，徐鞠躬而退，台步亦有诗人之风焉。"（《上海画报》，8月9日）《玉堂春》也称

徐志摩演崇公道，王济远速写，
《上海画报》1927年8月12日

《三堂会审》，除了巡按大人王金龙，另有地方官潘藩司和刘臬司，此文替徐志摩抱不平，怎么连个刘臬司也轮不上。说实在，我们的大诗人不是演戏的料，这个小角色也演得笨拙，这一点没有分享小曼的专业精神，不过能在同一天演出，他大概也很满足了。

一连数日有关慰劳会演出的不同叙事，犹如众多的纸上舞台，同一场戏透过各人的视窗可见文采纷呈，趣味各异，有不少涉及台上台下戏里戏外的浇头，有时道听途说，有时听旁人说，常以"趣闻"为标题，皆有关名人的隽言妙语，这里摘录几个。

关于志摩的表演，有不同说法。空我说徐志摩在台上"目插眼镜，身穿西装，气宇昂昂。当察院点名时，崇公道既承认兼任崔公差使后，徐君似乎慷慨而谈的发过几句议论，惜予立稍远，未聆其果作何语"(《新闻报》8月7日)。周瘦鹃在《红氍三日记》里描写："君粉抹其鼻，御瓀碝如故，跣足趿鞋，衣一紫花布之衣，其状绝滑稽。"此扮相与空我的

"身穿西装,气宇昂昂"的描写非常不同。把徐的扮相与王济远的速写相参照,应该说周瘦鹃的描写比较正确。空我因为站立"稍远",因此看不真切。小报中有时会出现这种矛盾的情况,报道同一件事,把人名、称呼、头衔搞错,时间或数字不一致等,其实这也会发生在现实生活里,譬如马路上发生车祸,如果有数个目击者的话,各有各的叙述,基本事实不会出错,但在细节上会有出入。至于空我对于徐志摩扮相的描写,更属于主观感觉所产生的差异,如果没有别的参证,就会被当作事实来看待。这些报道出自小报,似乎不应当看得太认真,其实所谓"历史"也具相似的性质。

因为站得稍远,空我只知道徐志摩"慷慨而谈的发过几句议论",却没听清楚在讲什么,照周瘦鹃的《红氍三日记》,徐"登台跪公案之前,诉其连日筹备剧事主持前台之苦,累累如贯珠,闻者鼓掌不绝"。如果周氏没有听错,这里传递了一个暧昧却重要的信息,即这么"慷慨"的陈词中我们听到的不是崇公道,而是徐志摩自己的声音,换言之,徐在表演中为表彰小曼把自己的私生活掺和了进去。须知这种募捐剧艺毕竟与专业演出有区别,本来以陆小曼、徐志摩等人作招徕,因为是名人效应。志摩是深度近视眼,脱不了眼镜,穿紫色花衣,光脚拖着鞋,这副模样够发噱,观众报之以掌声,因为知道是"诗圣"徐志摩。当他自诉连日因为筹备演剧而不辞辛苦时,其实在当众秀他对小曼的一片至诚,观众报之以掌声,因为明白了其中的戏中戏,显然愈加过瘾。

周瘦鹃《红氍三日记》又说:"小曼女士见之大笑,几不复识其所爱之大大矣(按:愚曾倩志摩释'大大'。'大'者,英语'大灵',亲爱者 Darling 也)。叠呼大大者,以示亲爱之至也。"(《上海画报》8月9日)小曼看了开怀大笑,不知在真实生活里志摩能有几回赢得她这样的笑声。本来这次义演中陆小曼就是主角,周瘦鹃捕捉到她的笑声,并使之出现在他的报章叙事里,说明小曼不仅在台上,在台下一颦一笑也都成为公众的焦点。事实上很自然的,就像小曼以"大大"称呼志摩这一家庭细节一再经过周氏渲染已经传为美谈,且不断被炒作,如三天之后《晶报》上一篇题为《大大大大》的豆腐干短文写道:"或戏问徐志摩君,夫人是否呼君为'大大'?徐云:'小曼固呼余为大大,余有时亦呼小曼为大大(按:实即"太太",记者故意误读为"大大")'。"(8月12日)像这样的问答尚无伤大雅,但是小报是一架感情机器,主要靠消费名流为生,在满足大众的窥私欲的时候也承担着某种道德监察的义务,而作为名流来说,聪明的知道如何在保持公众的好奇心与保护自己之间拿捏分寸。

不光徐志摩有这种私密化冲动,《汾河湾》即将上场,鄂吕弓在后台听到江小鹣和陆小曼之间一段对话。剧中薛仁贵在窑屋里看到一只男鞋,顿生疑心,怒声责问柳氏此鞋的来历,柳氏没直接回答,反问道:"你问这穿鞋的人儿么?"仁贵应该回答:"我不问这穿鞋的,难道是问靴子的么?"小鹣想改成"难道问戴眼镜子的么?""戴眼镜子"明指徐志摩。跑离原剧,给朋友幽上一默,对于这类表演并无大碍,也是为了讨好观众,期望博得观众会心一笑,由是给演出增加气氛,然而这么一改动就把薛仁贵变成了徐志摩,却触及徐陆的私生活。对于这个主意"小曼极力反对,故在场上并未更改"(《上海画报》,8月9日)。

从"极力反对"来看,小曼头脑比较清楚,她对唱戏是认真的,并不欣赏这类玩笑。的确再仔细一想,不管她是否意识到,表面上秀夫妻恩爱,实际上涉及偷情之嫌,这个玩笑开得不得体,但是按照弗洛伊德的"漏嘴"的理论,其中有力必多潜意识在起作用。

这回徐志摩在《玉堂春》里串场,后来他真的披上红袍演了刘臬司,这且不说。8月9日吕弓《慰劳会之趣见闻》中有一则说欧阳予倩临时配戏,"其法庭组织,既无大帐,又无龙套半个,故予倩歌至'两旁的刀斧手'时,余与予舍适立台下沿口,遂为之来一呼喝,以壮声势,又某君谓如此公堂,实太简单,红蕉曰:'是亦临时的法院也。'"(8月9日)。此"予舍"姓舒,与老舍撞名者,是《晶报》编辑之一,"红蕉"即江红蕉,是个鸳蝴作家。尽管觉得这个《玉堂春》演得太简单,他们还是在一旁大敲边鼓,"是亦临时的法院也"是指1927年初晚清以来的公共租界会审公廨被废除,改为公共租界临时法院,不许外国律师干预华人民事诉讼事务。江红蕉接过"简单"不无嘲讽地说"临时法院",似指其制度尚不齐全,这么随口一句却一语成谶,后来因为徐志摩、陆小曼等人演了《玉堂春》,不料假戏真做,接着控告小报《福尔摩斯》真的上了"临时法院",而且打官司以败诉收场,也与司法制度的漏洞有关。

看官须知,这些趣闻或如饭后擦嘴剔牙了无痕迹,却能映射出一种看戏的文人生态与报纸的文化消费,虽是娱乐消闲,却与社会习俗法规等息息相关。它们与本文后面要讲的故事多少有点关联,或许留存于记忆之中,说不定哪一天发起酵来会发生"蝴蝶效应"而成为一连串典故段子或脚本戏码。

节目单的错乱与怀旧

天马会是上海的一个美术团体,1920年由刘海粟、汪亚尘等人发起，会员有江小鹣、王济远、丁悚等。1927年12月6、7日天马会在夏令配克戏院举办了两天的演出。柴草在《图说陆小曼》一书中叙及这两天小曼的"大轴"戏，且抄录了具体戏目。这个说法和戏目根据刘心皇《徐志摩与陆小曼》一书，而刘书则抄自陈定山（即陈小蝶）的《春申旧闻》：

> 天马会的戏，可算盛极一时，第一天戏码：《捉放曹》（江小鹣，吴老圃），《狮子楼》（裘剑飞），《御碑亭》（苏少卿，翁瑞午），《拾画叫画》（唐瑛），《群英会》（俞振飞周瑜，朱联馥鲁肃，袁寒云蒋干，鄂吕弓孔明），《贩马记》（陆小曼，琴秋芳，江小鹣）。第二天戏码：《战樊城》（郑曼陀），《拾玉镯》（戎伯铭），《鱼藏剑》（苏少卿），《追韩信》（朱联馥），《叫关》（陈小蝶），《藏舟》（袁寒云），《三堂会审》（陆小曼苏三，翁瑞午王金龙，江小鹣蓝袍，徐志摩红袍）。（页82）

此戏目错舛百出。其实在12月6日《申报》与《上海画报》各载有《天马会剧艺会节目》,《申报》上的广告是这样的:

第一日:《二本虹霓关》:张光宇、杨清磬、戎伯铭、张振宇;《寄子》:苏少卿、李小虞;《女起解》:沈恒一;《宝莲灯》:翁瑞午、胡仲龄、吴老圃;《七星灯》:天罡侍者;《玉堂春》:杨清磬、翁瑞午、陆小曼、江小鹣、徐志摩、丁悚;《群英会》:鄂吕弓、罗仲泉、俞振飞、席少荪、孙子衡。

第二日:《别窑》:戎伯铭、孙子衡;《捉放曹》:鄂吕弓、吴老圃;《思凡》:徐澄心;《头本虹霓关》:王凌云;《御碑亭》:徐亦乐、俞振飞、苏少卿、翁瑞午、戎伯铭、罗仲泉;《奇双会》,江小鹣、胡仲龄、陆小曼、马女士、沈恒一。

《上海画报》所载节目表与《申报》相同,略有不同的是在《群英会》里有袁抱存(即袁寒云)的名字,他在第二天也有单独表演的《回营》。另外是《奇双会》里翁瑞午替代了沈恒一。根据当日各报的报道和评论,两天的演出跟《申报》与《上海画报》上的广告相一致。虽然临时有所变动,则属个别局部的。比如所有评论从未提及袁寒云,很可能他并没有现身,否则记者们是不会把这个大佬漏掉的。

其实《申报》上刊出陈小蝶自己写的《天马聆歌记》一文,其所点评的《群英会》《玉堂春》《寄子》《御碑亭》《思凡》《贩马记》《七星灯》等戏皆合乎《申报》与《上海画报》的戏目。文中提到临时有所更动,即原来《群英会》排在《玉堂春》之前,但让小曼提前先演,"而观者于《玉堂春》后,辄离坐而去",因此小蝶为俞振飞抱不平,对排节目者颇有微词。(《申报》,12月11日)

陈小蝶写《春申旧闻》时,时隔数十年,此戏目全凭其记忆；作为一个局里人却错得如此离谱，倒能提醒我们对于回忆录或口述历史之类的真实程度须有一定的警惕。

戏目中没有陈小蝶的《叫关》，否则他就不必只是"聆歌"了。本文前面已述及唐瑛在中央大戏院演过《拾画叫画》，小蝶却移花接木搞混了。事实上因为唐瑛没参与演出，有人感到可惜。杨吉孚在《申报》的《天马会演剧补记》一文中说："综两晚戏目，颇能叫座，惟来宾多谓惜唐瑛女士未曾表演，否则观众更多而更有兴趣也，此语实当。"（12月11日）

唐瑛不在台上，却在台下。《金钢钻》报上断香的《天马会剧艺会拾零》一文说："唐瑛女士，连到二日，专看陆小曼女士之戏，看毕即行。"（12月9日）《小日报》上冯大少爷《天马闻歌记》也注意到："唐瑛女士坐楼下包厢中，玉堂春演毕即去。"（12月8日）有趣的是，这类报道不无弦外之音，在记者看来唐瑛和陆小曼之间在暗中较劲，更把这一点挑明的，如小丑的《天马会剧艺会拾零》说："唐女士观陆小曼女士玉堂春，颊间红云朵朵，彩声愈多时，而唐女士之颊亦愈红，因而知妇女除吃醋心外，尚有一丝妒嫉筋亦非常厉害也。"(《金钢钻》，12月9日）对这些记者来说，戏里戏外都是戏，他们也乐得奏白戏。

小蝶的戏单错讹甚多，无须一一指出，须弄清楚的是陆小曼的两场戏。她在第一日演出了《玉堂春》，第二日演出了《奇双会》（也称《贩马记》）。

关于《奇双会》，《春申旧闻》又说："两天的戏码，除了琴秋芳，连龙套全用票友，秋芳和雪芳是一对姊妹花。雪芳是黎元洪在城南游艺园捧红的，但雪芳是林黛玉的美，秋芳是薛宝琴的美，尤其剪水双瞳，明如点漆，天下无双。这晚道白至'我这小小前程'，以指弹冠，忽然乌纱上的积尘飞进眼去。当晚便发烧，所以第二天才翁瑞午上去，本来原定的计划，他是只把场，不唱的，谁知这场戏下来，秋芳就得了病，不久，玉殒香消，琴雪芳钟情手足，过了一年，亦郁郁而卒。"（页83）

照此叙述秋芳好像在第一晚已经演过了，因为眼睛出问

琴雪芳、琴秋芳，
《上海画报》1928年5月3日

题，第二天换了翁瑞午。然而当时陈小蝶自己写的《天马聆歌记》一文说："次日《贩马》，笛音高出一字，运嗓遂觉费力，后笛移一宫，秋芳又觉太低，乃知嗓音高低，真不能差累黍也。小鹣嗓音，宽紧甜涩皆有，运嗓极类汪笑侬，而较宽甜。……马女士登台，楹帖满壁，颇嫌习气，恐非天马诸君之本意也。"可见琴秋芳是如期上台演出的，而且在6日《上海画报》公布的节目单上《奇双会》里本来就有翁瑞午，并非临时叫他来替代琴秋芳的。实际情况恰恰是翁瑞午把琴秋芳请来的，瘦竹的《夏令配克听歌记》一文说："饰《贩马记》中小生之马女士，即新自杭赋归之琴秋芳，系常为琴雪芳推拿之翁瑞午君所代请。"（《罗宾汉》，12月9日）翁是名票友，又是推拿名家,坤伶们与他相熟,找他医病也是常事。

所谓"楹帖满壁",因为琴秋芳是有名坤伶,粉丝们冲着她而来,如断香的《天马会剧艺会拾零》一文描写:"《奇双会》上场,有花篮四只列台前,又有银瓶一对,银镜架一面,对联五付,均

琴雪芳,《紫罗兰》1928年9月

为赠与马女士者。马女士即琴艳亲王之妹琴秋芳也,群谓其锋头更超陆小曼而过之,信然。"又说:"陆小曼女士在《奇双会》中饰桂枝之衣,陆女士谓为新做者,惟裁缝将袖做得太长,女士嫌其不便,略有愠色。"这么说小曼因戏服不对劲似有点不顺心,但对她而言能跟专业演员一起演出已经是相当

不容易了。

琴秋芳受到如此追捧,当年的陈小蝶不以为然,觉得"颇嫌习气",可是在《春申旧闻》中说到那晚秋芳的表演,不仅与事实不合,且引出她和姐姐琴雪芳这一对"姊妹花"的故事,扯得愈远似在写小说了。说到两人之美"天下无双",不久便"香消玉殒",好似小蝶自己动了情,遂造成他的记忆的错乱?这实在是一个复杂而有趣的心理过程。的确二十年代末的上海,占据舞台中心的不仅是"四大名旦",也是对此形成挑战的大批坤角女旦,其中琴氏"姊妹花"的故事更属一个

琴雪芳、琴秋芳,《上海画报》1926年12月15日

时代的集体记忆,这里不妨引用1928年12月3日《上海画报》上周瘦鹃的《红氍毹上之姊妹花枝》一文:

> 今年北平的许多名女优,联袂的南来,其中色艺出众的很是不少,于是捧角之风大盛,兴致最豪的,要数徐步二山人和徐夫人陆小曼女士以及本报丹翁、梅生、空我诸位了。那些以浅笑轻颦清歌妙舞颠倒海上众生的妙女儿,几无一不经他们一捧而成名的。就我在文酒场中尊前筵畔所瞻仰过的,也已不少。北来的如雪艳琴、新艳秋、容丽娟、刘艳琴、小兰芬、小凌云、孟丽君等,已够人看得眼花缭乱了。在南方的更花飞蝶舞,使人目不暇接,而最可称美的,尤其是一双双的姊妹花枝,同时现身于红氍毹上,如琴雪芳琴秋芳、潘雪艳潘雪芳、小月红小香红小菊红、汪碧云汪碧霞、正足与过去的张文奎张文艳吕美玉吕君玉姚玉兰姚玉英等后先媲美,凡是喜欢看坤伶戏

的人，谁不曾在华灯影里神往心醉过的？然而说也可惨，这些姊妹花枝，大多已生生的拆散，如琴雪芳最近失去了琴秋芳，三红姊妹早没了小桂红，汪碧云也折了汪碧霞。更以过去的人物而论，那么嫁人的都已嫁人，而最早死的，便是张文奎，也如吕君玉和姚玉英，也已于最近的一二年间玉殒香消，同归黄土垅中，这果然是红颜薄命，实在也是一般的顾曲周郎的薄福啊！

马艳云、马艳秋姊妹之《虹霓关》，《北洋画报》1928年2月4日

小菊红 　　　小香红

《上海画报》1928年12月9日

　　周氏对于"玉殒香消"的伤感，在小蝶那里更夹杂着一种怀旧心理，当他身在台湾，梦里几度隔海回眸洋场风光，因此回想起那次的演出时，好像自己也在表演《叫关》，也周旋于台上台下，仿佛亲眼目睹乌纱上的积尘飞进琴秋芳的眼里，且因此导致了她的死亡，遂给他的叙事增强了戏剧性，把两人比作薛宝钗与宝琴，自己好似变成了红楼梦中人。不过这也情有可原，至少陈小蝶自己也是个票友，1923年3月在周瘦鹃主编的《半月》杂志上刊出过小蝶与其妹小翠饰演的《灵鹣影传奇》剧照。小蝶之父陈蝶仙知音律会制曲，其

陈小蝶（左）、陈小翠（中）饰演《灵鹣影传奇》，《半月》1923

妹陈小翠也是个精于旧诗国画的知名才女，由此剧照可见家庭熏染之一斑。如果追溯到更早，在1915年的《游戏杂志》上就有小蝶与周拜花一起演《霓虹关》的照片，说他们"合串"大约是上过台的，另一张是小蝶扮演陆文龙的照片，不过说"化妆"有可能是在照相馆里拍摄的。

《玉堂春》真人秀

对于小曼这两日的表演，剧评赞多弹少，一致首肯其演技的进步。杨吉孚《天马会演剧补记》说"陆小曼饰玉堂春，尚过得去"，而认为她在《奇双会》中"更见精彩"。陈小蝶说《玉堂春》里"小曼新腔，合梅程荀慧尚徐张之长，真觉聪明绝世。二六以后，略嫌单弱，然自不易"。所谓"新腔"确属知音，倒可见小曼唱戏上面用心良苦，唱腔上不受"四大名旦"等人的束缚，力求个人特色。对于这一点可加个脚注的

小蝶化妆陆文龙，《游戏杂志》第18期，1915

是《上海画报》曾刊出陆小曼《思凡》的剧照,黄梅生加以说明:"小曼女士擅演昆剧,扮相尤曼妙绝伦,其所戴道冠及袈裟,乃参照旧式,加以改良者。"(1928年2月27日)其实这种"改良"是海派作风,有人会不习惯,如《申报》记者金华亭对于陆小曼在《思凡》里的"美妙"扮相颇为赞赏,但是对这项"改良"道冠大加讥弹:说他"对于那般头戴纸而壳的大头和尚,真是莫名其妙,好像我做了一个酣梦,到了城隍庙去参观城隍老爷的生日了"(《申报》,8月8日)。

大多数观众是来看小曼和志摩的,其实两人来上海已经一年多,传奇色彩仍浓郁,正如一篇报道写道:"陆小曼徐志摩伉俪亦欣允加入串演,盛会罕觏,群欲捷足。"(《小日报》,12月8日)另一篇报道说:"陆小曼饰苏三,将上场时,新闻记者纷纷至后台,环立而观。票界怪人王燧之曰:'他们都去观新娘子,我也去瞻仰瞻仰',遂急趋而入。"(《小日报》,12月8日)记者忙于追捕幕后花絮,如《晶报》上转陶的《天马剧艺中之一对伉俪》一文:

陆小曼女士，尤为群众注意之点。陆所演之玉堂春及奇双会，博得好誉最多。新派诗人徐志摩在会场中，亦极奔波劳碌，然与陆形影不离。第一日郑毓秀博士戾止时，徐陆夫妇引入包厢；郑博士就坐，徐陆夫妇亦随侍于侧，文农即为速写一像。未几，陆女士戏将上场。化装时，徐亦随侍于旁，为调脂粉。陆有小婢，伫立以待驱使，而陆挥手令去，独让其夫婿在旁照料，可知徐诗人体贴夫人，别有独到处也。女士上装后，徐则时加慰问，陆女士亦屡问："扮相佳否？"徐必答曰："漂亮，漂亮。"陆女士始嫣然微笑，从容登台。（12月9日）

文中透露出徐陆与郑毓秀的亲密关系，对此周瘦鹃的《天马剧艺会琐记》一文有所补充："是夕司法界名人如王宠惠、魏道明二博士与郑毓秀女博士俱戾止。郑女博士与陆

黄文农速写，郑博士与徐陆夫妇

小曼为素识，特探之后台。会玉堂春将登场，因亲为化装，涂脂抹粉，有若内家，小曼称谢不已，化装既毕，款款登场。"(《上海画报》，12月15日)转陶此文给配上漫画家黄文农的速写，一幅是志摩牵着小曼的手，另一幅是徐陆站在郑毓秀的背后，形象颇为滑稽。

现在我们的聚光灯须移至《玉堂春》里的另一要角——翁瑞午。在开演前三天，《上海画报》刊登了他的一幅《春香闹学》的剧照，并介绍说："翁瑞午君吴县人，幼承家学，书画并皆精妙，而推拿术更为海内独步。暇时喜研究戏剧，昆乱均所要优长,为票友中不可多得之人材。天马会因请其客串,翁君因事关提倡艺术,慨允加入表演。翁君原青衣花旦,近改习须生,天马会串青衣。"(12月3日)在这次天马会演出中他有四场戏,戏份最足,作为名票友,无论是生是旦演来皆当行里手。

徐志摩与陆小曼,《晶报》1927年12月9日

翁瑞午字恩湛,其父翁绶祺是翁同龢的门生,官至广西梧州知府。说他"幼承家学,书画并皆精妙",此言不虚,在4月1日的《联益之友》刊登了翁瑞午的一幅画,题曰:"名票友翁瑞午君之艳荷图,绘赠无锡花国总统谢文玉者,并有

翁瑞午《春香闹学》，
《上海画报》1927年12月3日

文学家赵眠云先生题句，为可珍。"所谓"花国总统"即经由选举而居榜首的花魁女，大多是文人品题的结果。看来翁是花界常客，这么做也是袁寒云的做派，只是小巫见大巫罢了。

而对《玉堂春》的评论则集中在王金龙和苏三身上，且对两人的默契搭配赞叹有加，如迪庄的《天马会之第一日》："小曼上妆后，娇小玲珑，较平时益美，嗓音不高却还清脆，叫板一声'大人容禀'，如出谷雏莺，惟运腔转折处，略有特殊声浪，谅因久习昆曲之故。翁君本以青衣名于时，忽易钗而弁，居然能落落大方，一段南梆子唱来珠圆玉润，耳鼓一新。"（《小日报》，12月8日）陈小蝶因为《玉堂春》被临时调到前面而替俞振飞感到可惜，但说小曼演《玉堂春》，"得瑞午之王公子为配，顿觉生色不少，瑞午聪明隽逸，无角不能，予谓瑞午小生犹胜旦角，一片清新俊逸之神，与振飞有异曲同工之妙，使振飞为王公子，必不能胜瑞午"（《天马聆歌记》）。说王金龙这个角色如果让俞振飞来演，也绝对没有像翁瑞午那么出色，这等于说翁把王金龙演活演绝了，而对

翁瑞午之国画，
《联益之友》
1927年4月1日

翁瑞午,《联益之友》1928年4月

于小曼来说也幸亏得到这样一个绝配。至于剧中的江小鹣和徐志摩,有人也会提到,如周瘦鹃的《红氍真赏录》:"陆女士之苏三,宛转情多,令人心醉。翁为王公子,潇洒可喜。江被蓝袍作吏,一洗其法兰西风,亦居然神似",而徐志摩则"台步如机械人",令人发噱。(《上海画报》,12月24日)

其实就戏论戏不会有什么问题,然而"人生如戏,戏如人生",就像抛空一枚铜板卜彩头,对于艺术世界的虚构与真实,中国人善于翻云覆雨,最精粹的莫过于《红楼梦》中的表述:"假作真时真亦假,无为有处有还无"。戏里的一对情人演得如此情深意真,观众也看得如此如痴如醉,在一旁穿着红袍的徐志摩是否会突然眼皮一跳,把此当作现实生活中的情景?事实上据一则报道说,就在小曼演唱《玉堂春》时,"有人台下大叫:'大家自家人,还要问些啥?'"看戏发生这种情况似乎很突兀好笑,也很可怕,正如作者解释的:"盖江翁俱徐陆之好友也。"(《罗宾汉》,12月9日)说明有人不是在看戏,而是在看人,对真人的相互关系更为好奇,而"大家自家人"似乎话中有话。陈小蝶在《春申旧闻》里说自从翁瑞午演了《玉堂春》,"小曼的五百风流孽冤,却从此引起"。这么说过于戏剧化,可是对于志摩这恰恰是在生活中真实发生的情景,而《玉堂春》像一场噩梦,几乎击碎了他的"妇唱夫随"的价值观。

关于陆小曼几时遇上翁瑞午有几种说法,陈小蝶的肯定不可靠。陈巨来在《安持人物琐忆》里说小曼时有晕倒不省人事,对这种"奇疾"医生束手无策,"后经人介绍,请瑞午推拿,他一搁小腹穴道,立即清醒如恒了,故志摩及陆氏夫妇遂认瑞午为最知己之人了。同时小曼遂向之学习《汾河湾》《玉堂春》二剧"（上海书画出版社，2011，页63—64）。照这么说在8月演出《汾河湾》之前小曼就认识了翁瑞午。很有可能是通过江小鹣的介绍，同是票友，翁瑞午曾跟名医丁凤山学习推拿，得其丹田运气的真传。圈里人都知道翁，坤伶们也找他看病。再有徐志摩的《小言》、陆小曼的《自述的几句话》以及其他一些报道都说小曼跟徐老太太学的《思凡》，至于《汾河湾》是她原先学的还是来沪之后受高人指点，则未见说明。

靠谱的是周瘦鹃的《曼华小志》一文，刊于10月30日《上海画报》上，说晚上"与小鹣、小蝶饭于志摩家，肴核俱自制，腴美可口。久不见小曼女士矣，容姿似少清癯，盖以体弱，常为二竖所侵也。女士不善饭，独嗜米面，和以菌油，食之而甘。愚与鹣蝶，亦各尽一小瓯。座有翁瑞午君，为昆剧中名旦，兼善推拿之术，女士每病发，辄就治焉"。这给徐陆的私密空间露出个裂隙，可知在中央大戏院演剧之后小曼已是奇疾缠身，好似身边总要有翁瑞午在。当翁开始浮上媒体的台面，应当说在朋友中间已算不得秘密，如小蝶《春申旧闻》所述，翁瑞午"常为小曼推拿，真能手到病除。志摩天性洒脱，他以为夫妇的是爱，朋友的是情，以此罗褥襟掩，妙手抚裟之际，他亦视之坦然。他说：这是医病，没有甚么避嫌可疑的"。很可能因为小曼与瑞午的关系令人产生疑问，才会有志摩"坦然"的回应，且有他一套"爱情哲学"，对此小蝶作了深度评论：

> 瑞午本世家子，父印若历任桂林知府，以画鸣时，家有收藏，鼎彝书画，累箧盈厨。小曼天性爱美，则时时袖赠，以博欢心，而志摩不能也。又常教吸阿芙容，试之，疾良而已。于是一榻横陈，隔灯并枕。志摩哲学：男女的情、爱，既有分别，丈夫绝对不许禁止妻子有朋友，何况芙蓉软榻，看似接近，只能谈情，不能叙爱。所以男女之间，最规矩，最清白的是烟榻。最暧昧、最嘈杂的是打牌。所以

志摩不反对小曼吸烟,而反对小曼叉麻雀。实则志摩的爱小曼,无所不至,只要小曼好,甚么也都能牺牲。但是女子的心理,是复杂、神秘的。小曼确是爱志摩,但她也爱瑞午,爱志摩的学问,爱瑞午的风流。

志摩的"爱"是从概念出发的,对小曼的爱也难说完全无条件。即使在狂热的追求期间,"我爱你朴素,不爱你奢华",志摩没有花好桃好地满嘴涂蜜,对于"玩人丧德,玩物丧志"之类的道学家训诫,小曼好像是一种被动的接受,却也暗示两人在性格和生活习惯上的差异。新婚之后必须面对各自和对方的真实,他送给小曼的"年礼"是一本《曼殊斐尔的日记》,代表他的"美的理想"。当小曼被置于这样一个"纯粹性灵"的模特儿旁边,不免会逊色。他说:"总有一天我引你到了一个地方,使你完全转变你的思想与生活的习惯。"结果到了上海,却坠落到失乐园里,他开始发现"最容易化最难化的一样东西——女人的心"。这些日记里的话记录了他的理想的破灭。在小曼方面，也不外在寻找适合自己的人生，几年的婚姻生活感情上千疮百孔，说她任性也是有限的，最终也是为了一纸婚约如戳不破纸糊的灯笼。

千不该万不该演了这么一出《玉堂春》，徐志摩、陆小曼和翁瑞午把私密空间中暧昧的三角恋搬上舞台。如果志摩演的是王金龙，或者他干脆不参演倒也罢了，然而恰恰让这本戏造成角色错位，在众目睽睽之下坐实了小人之心的猜疑。如媒体反复提到的，给人印象最深的是苏三的出场，如前面提到叫板一声"大人容禀"，"如出谷雏莺"，或如周瘦鹃说的"一声哭呀，已博得彩声不少"（《上海画报》，12月15日）。有人问唐瑛对《玉堂春》中陆小曼的观感，她回答："扮相既美，唱工亦佳，几声'大人容禀'，叫得人心花怒放。"（《罗宾汉》，12月9日）"心花怒放"的这个"人"，难道仅仅指观众？反正此时此刻无论君子小人在迷醉之余莞尔一笑，舞台与人生浑然一体,也不由人不浮想联翩,更堵不住人们嘴五舌六。

所谓"家丑不可外扬"这句话,是有身份要体面的人家讲的,乃上流社会的金科玉律。梁启超在徐陆的婚礼上的严厉训斥,与其是关乎两人的私德,毋宁是针对其高调炫耀的浪漫,也是讲给自家子弟听的。两人逃离北平而落脚上海,颇有冒险家色彩。上海固然更为包容,但在放逸风流的表象之下潜规则处处在是,其中首重家庭价值,而且尤其在半殖民五方杂处的条件下,家庭是激烈商战中凝聚战斗力的桥头堡。从这个角度看《玉堂春》这场戏是徐陆高调浪漫的余波,却踩着了公众的道德底线。

的确徐志摩有苦说不出,在日记中写道:"我想在冬至节独自到一个偏僻的教堂里去听几折圣诞的和歌,但我却穿上了臃肿的袍服上舞台去串演不自在的'腐'戏。"(《徐志摩全集补编》,上海书店,1994,页160)一般认为志摩是被小曼硬拉演了《玉堂春》,其实很难说是小曼一个人拿主意,一只碗碰不响,何况卷入四个当事者。江小鹣几乎是局外人,有人认为他是"胡调"即"掏浆糊"之意,故可不论。最受伤害的是徐陆,当然对于女人更为不堪。就徐志摩而言,你说他百依百顺也好,忍让也好,说到底做了他自己"美的理想"的牺牲。自来上海后大秀特秀其新婚幸福感,借此显示自己无边的爱,似在对公众作一种自由浪漫精神的启蒙。常言道"入乡随俗",他反其道而行之,不懂上海人的游戏规则,而且总觉得世上最优越之物莫过于"主义",这也是中国精英阶层的通病。

在小曼方面,在演出《汾河湾》时反对江小鹣改动台词,不管她是否意识到"出轨"的陷阱,至少在舞台上下公私分际上她还是清醒的。按理说《玉堂春》的角色安排更为犯忌,她却迷糊了,此时她入戏已深,台上比台下更为真实,戏里人生更为过瘾。其娇弱资质堪比捧心西施,美人心不止有七窍,而小曼宁愿万窍生烟,当"一榻横陈,隔灯并枕"之时,香烟萦绕中雾里看花,什么都不真切,但是眼中的他——宁愿与她朝夕相处喷云吐雾谈戏说艺的俊俏小生,却万分真切——是她千载难逢的捧心人。因此此刻对于陆小曼唱戏获得一种新生的意义,这次却是终极性的,而志摩与她渐离渐远,戏是唱给知音知心的人听的,就像苏三一声"苦哇——",只有王金龙能听懂,志摩在不在场似乎都无关紧要了。

的确《玉堂春》给小曼的人生带来转折,接下来发生的《福尔摩斯》"侮辱"案使她颜面扫地,也无法改变或者更加固了这一转折。陈小蝶说"小曼确是爱志摩,但她也爱瑞午,爱志摩的学问,爱瑞午的风流"。但鱼与熊掌岂可兼得?这令人想起李笠翁的一篇叫《合影楼》的小说。代表"道学"与"风流"的两户人家各有一女一子,道学家长怕他们谈恋爱,在两家庭院之间建起一道高墙,鬼知道俊男靓女却隔着墙通过水中倒影互诉衷情,最后冲破道学的禁锢而高奏风流的凯歌,正所谓"机心一动,任你铜墙铁壁,也禁他不住。私奔的私奔出去,负窃的负窃而逃"。这可说是当日小曼的心理写照。志摩要飞,她也要飞,飞来飞去飞不到一块,她的心已经飞到别人的怀里,你要咋办也没戏,就小曼个性中的任性坚执而言,此刻在她内心里完成了一种选择——对于她可说是最疯狂、对志摩最残酷、在名人婚姻史上最具反讽与真谛的选择。

说到翁瑞午,男人遇到这样的情敌,就好似情场末日。可叹徐陆已给梁启超贴了封条,再也冲不破铁屋子,唉,说自由婚姻也是作孽。当日徐陆等把《福尔摩斯》告上法院的新闻轰动一时,如果发生在今天,翁瑞午必定要被网友狂轰滥炸千刀万剐,而在百度网上的翁瑞午比《人间四月天》里的形象要好得多,这大概是看问题的角度不同,不是站在徐志摩或张幼仪的立场,而是从陆小曼或她和翁瑞午的两人世界来看的缘故吧。

文人雅谑与小报绯闻

回到当日语境,如果考虑到"人言可畏"及其后果,《玉堂春》就不该这么演。志摩出于天真,却没能保护小曼,而对于老于世故的翁瑞午来说,应当更有责任,而且他对排戏更有话语权。其中内情难以知晓,想来已涉及三角情爱的细微纠葛。如果志摩自己想上台,或小曼要他来演,或是江小鹣的馊主意,翁瑞午也不好反对,怕人说闲话的理由怎能说得清楚?翁或许不会提议志摩参演,是否翁在背后唆使小曼硬拉志摩上台?那简直是阴谋论了。总之是不明不白造成了错误,一切都在不言中。

在《玉堂春》演过之后,12月9日的《上海画报》上有张丹翁的《丹翁捧翁瑞午》一词,调寄"一剪梅":

> 闹学春香上画图,脸子如何,身段何如,下台依旧魔,而都柳梦梅乎?杜丽娘乎?
> 丹翁拼做小人儒,教什么书,关什么雎,烧刀安得灌胡涂,捧煞杨虚,妒煞羊须。

张丹翁是捧角权威,在《玉堂春》刚落幕之后翁瑞午即经其品题,一跃成为当红票友。但丹翁以一周前《上海画报》上翁的《春香闹学》剧照作为张本,如其一贯风格,戏猫活舌貌似打油,却夹七夹八混杂古典今典,笔者自叹浅学,难以通解。此词主旨并非称赞翁的表演,更着意于戏外;他叹赏翁氏的"脸子""身段",素颜"下台"也是靓仔一个,依旧充满魔力。他在戏里扮的是丫鬟,其实兼善青衣与小生,因而在现实中不啻是柳梦梅或杜丽娘的化身,但是丹翁问道:谁着了你的魔呢?是柳梦梅还是杜丽娘?

下半阕继续发挥翁氏的台下魔力,意思极为诡异暧昧。大意是叫我啊干脆不做陈最良,就做个"小人儒"得了,教什么书啊,读什么《关雎》啊。这几句还不难懂,但接下来该怎么做呢?首先我们试图搞清最后提到的两人是谁,或许会有点头绪。暂不说"杨虚"的对应者,"羊须"指蓄山羊胡子的江小鹣。有直称他"羊须江小鹣"的(《小日报》,12月25日)。最近的一个例子,在演《汾河湾》时他扮演薛仁贵,不慎掉落所戴的假须而露出了自己的山羊胡子,因此闹了笑话。那么为什么要让江小鹣"妒煞"？江为什么要妒嫉？只有确定"烧刀安得灌胡涂"的对象方能明了，这个对象非陆小曼莫属。如果放在陆小曼跟翁瑞午学戏，翁为陆医病，与徐、江都在一起唱戏也都为陆小曼神魂颠倒的语境里，方能明了下半阕的意思：你也不必教她唱戏了，怎样施展手段使她"胡涂"，就会"捧煞杨虚，妒煞羊须"。

如果这番诠释尚过得去，那么我试图进一步指出诗中有关性的暗示。"烧刀"即烧酒，富于性的暗示，"杨虚"音谐"阳虚"，指的是徐志摩，与江小鹣并举是合乎语境的。这里指徐怕老婆，也指他不能满足小曼，在下面要说的《伍大姐按摩得腻友》一文中所谓"心麻书生本色，一粒粟似的傢伙，投在沧海里，真是漫无边际。因此大姐不得不舍诸他求"。"捧煞"即把他架空之意。还有"关什么雎"一句另有用意。我们都知道《关雎》一诗居《诗经》之首，一向被视作周文王的"房中之乐"，表现"后妃性情之正"和儒家的爱情与家庭的伦理教义。《牡丹亭》里陈最良教杜丽娘读《关雎》，旨在培养其"妇德",正是古代通常的女子启蒙教育。张丹翁则意在颠覆这一陶养"窈窕淑女"的教规,与"灌胡涂"的意思一致。

这首词极其流氓而隐晦,讲的是《春香闹学》,背景里则是《玉堂春》,陆小曼和徐志摩被隐去,也看不到"推拿""按摩"之词,针对徐府中的三角关系鼓动翁瑞午喧宾夺主,而下半阕以身说法,进一步教唆翁以蛊惑诱拐之术。的确在胡适眼中翁瑞午是平庸之辈,根本不及徐志摩之万一,但翁却是旧家子弟洋场宠儿,漂亮活络讨人欢喜,不仅唱戏行医,也做书画买卖,吃得开兜得转,连徐志摩要出脱房产也要找翁帮忙。张丹翁当然是赏识翁瑞午的,在这么跟他出下三流点子时并不讳言自己是"小人儒",当然摸准了翁对小曼的"小人"用心,可谓将心比心惺惺相惜。另一方面丹翁也十分喜欢小曼,《上海画报》刊出他送给小曼的书法条幅,事实上该报大捧特捧陆小曼,后来小曼也成为捧角名家,都与张丹翁的提携分不开的。

张丹翁先生最近小影（梅生摄）

张丹翁,《上海画报》1928年4月12日

刊在《上海画报》上张丹翁的这张照片,糟老头一个会让人想起臭豆腐。丹翁自知貌不惊人,最不喜欢拍照,却给黄梅生偷拍登了出来。魏绍昌的《鸳鸯蝴蝶派研究资料》中提到张丹翁:"丹斧是个好事者,有多个笔战,往往是丹斧挑拨出来的。双方交战,他却处身局外看厮杀,真狡猾极了。"(上海文艺出版社,1984,页497)《丹翁捧翁瑞午》并非在"挑拨"文人间"笔战",却在翁瑞午与陆小曼之间作王婆,但徐志摩却懵然

无知。此时人们对翁与陆的关系已在窃窃私语，有沸沸扬扬之势，从丹翁的诗可见一斑。

尤其在演出《玉堂春》当中所发生的一个插曲颇具杀伤力。根据剧情，王金龙发现阶下囚犯苏三乃旧日情人，声称头晕而休庭，于是一个医生为他把脉。原先安排扮演医生的是漫画家丁悚，但临时换了另一位漫画家张光宇，被誉为"无锡梅兰芳"的名票友。照惯例这个医生应当是个哑巴，但张光宇开了金口，在周瘦鹃《天马剧艺会琐记》一文是这么记载的："为王公子诊脉时，谓此病不必吃药，应施以推拿之术。盖扮演王公子之翁瑞午君，为推拿名医，故调之也，凡识翁者，佥为失笑。"(《上海画报》，12月15日)医生对王金龙说你的毛病吃药没用，应当请个推拿医生。翁瑞午是推拿医生，因此和他开个玩笑，但凡知情者都笑了，因为联系到陆小曼。弦外之音是你患的是心病，你用推拿替你的心上人医病，现在药也在心上人那里，所谓解铃尚须系铃人也。

张光宇为什么会改动剧本？那是陈巨来的主意，在其《安持人物琐忆》中对此事绘声绘色：

> 此剧苏三上堂跪见按院大臣王金龙时，王骤睹旧情人即犯妇，头晕不能理案了，当时将苏三带下，当堂请医为王金龙诊病，此医生例为饰哑子，不必开口，诊毕即下。是夕饰医生者为漫画家张光宇，先在台下问余曰："我做这丑角，可有法子引座客哄堂一笑否？"余云："有有，但哑子须破例开口，只要诊毕后，对两个配角说：'格格病奴看勿来格，要请推拿医生来看哉。'"张光宇照此说了，时观者均翁、徐、江、陆等至友，听了之后不仅台下哄堂，翁瑞午本人与陆小曼、徐志摩等均在台上失声而笑。一出悲剧几致变成闹剧了。

京剧里丑角念的是苏白，却给陈氏描绘得惟妙惟肖。《安持人物琐忆》于1990年代末在《万象》杂志上陆续刊出,回忆往事如睹目前,文字一如当年小报风貌——上海文化也够韧够拧。"一出悲剧几致变成闹剧",其实很正常,中国人向来天性喜乐,悲剧过去很少,将来大约也很难移植过来,何况天马会的拼盘演出中《玉堂春》那一星点哭啼算不了什么,变成"闹剧"说明上下互动,反有嘉年华畅享效果。但是这个玩笑开得促狭,不光是朋友们,当事人自己也"失声而笑",台上台下各人心头大约滋味各异,在笑声中飞出蝴蝶无数,在小曼的绯闻气浪中翩翩飞翔,翅膀上已经沾着格士林,偶触火星便演成漫天之势,浮名盛誉的廊柱如多米诺骨牌轰然倒塌。

陈巨来说他与翁瑞午常出入吴湖帆家而相熟,又因翁认识了徐志摩、陆小曼等。陈专精于金石刻印,其时已颇有时誉,一年前《上海画报》登刊袁寒云赠他一联曰:"学书迈两汉而上,治印在三代之间",可见评价之高。画报也刊出过陈给袁刻的印章。《玉堂春》演出一个月之后《上海画报》上有

陈巨来与况维琚,《上海画报》1928 年 1 月 23 日

陈巨来与其夫人况维琚女士的合照,说"女士为蕙风老人女公子,诗画皆精",并刊出她的一幅山石图。"蕙风老人"即况周颐,清末举人,曾为张之洞、端方幕僚,以词名家,与王鹏运、朱孝臧、郑文焯合称"四大家"。

文人骚客于谈文说艺之际,智辩宏论舌底生莲,或戏谑讥讽妙语连珠,无时不在无奇不有,如载于《世说新语》《儒林外史》皆属文坛佳话掌故而为后世称艳咀嚼。二十年代末上海的文艺娱乐极其繁盛，公共空间呈现新的景观，多半靠女性和小报。从跳舞厅游乐场剧场影院商场酒楼画室书店到私人沙龙，也同样属于女人世界。舞星影星交际明星到处可见，其间穿梭着小报记者，像没头苍蝇跑新闻探隐私挖边料，无所不用其极。《春申旧闻》和《安持人物琐忆》中有关陆小曼、唐瑛、阮玲玉、胡蝶、周鍊霞等等，对今人来说，在小报中可看到更多她们的身影。

说徐志摩天真、陆小曼糊涂，是因为他们过于自信，高估了上海

袁寒云赠陈巨来条幅，《上海画报》1927年1月21日

人的道德承受力。本来对两人已有不少腹诽微词,《玉堂春》更招惹闲话,演出过后戏里的情节仍在人们口头搬演,禁不住好奇的刺探、窥视的欲望和流言的传播,伴之以叹息、摇头、愤慨或同情。名流们尽管风流倜傥,却懂得保护自己,以维护家庭安稳为第一义,中产家庭遵循"男主外,女主内"的古训,某种意义上女人更为安全。名媛闺秀出席公共活动皆中规中矩,尽量低调,如白崇禧夫人不肯让黄梅生给她拍照即为一例。旧派文人也有一套守则,玩得最嗨的莫过于周瘦鹃,其"紫罗兰"文学品牌引人遐想猜测,被比作他的情人,他也模棱两可,一面在他杂志上大肆吹捧"紫罗兰",今天是北京妓女,明天是广东舞星,另一面常常带着太太观剧游览,将照片公之于众,俨然是代表家庭价值的模范。直到四十年代他自曝情史,人们才知道紫罗兰真有其人,和他约会时有她的母亲伴随。有一回周瘦鹃开车带她在大马路上兜风,她用围巾障面,生怕给熟人认出。

  徐陆轻视了大众传媒的能量。作为交际明星稍不留意就会生出麻烦，媒体能把你捧上九重天，也能把你抛入十八层深渊，顷刻之间黄粱一梦。其中数《福尔摩斯》最能惹是生非，常和名流卷入官司纷争，当然是牵涉到不实报道或造谣污蔑而站在被告席上。其实徐陆等人应当早就有所警觉，自8月里云裳时装公司开业以来小报"四金刚"就分成两派，《晶报》和《申报自由谈》《上海画报》为云裳公司鸣锣开道，而《福尔摩斯》《罗宾汉》与《金钢钻》则大肆抨击围攻，它们采取小民百姓的边缘立场，抨击云裳公司提倡"奢靡"、漠视"国货"，同时对陆小曼和唐瑛左一声右一声"交际花"，语含鄙夷，而称江小鹣为有"毒"的"艺术家"，尽挖苦嘲讽之能事。

打从妇女慰劳会开始在南洋大学义演，《福尔摩斯》就发出不协之音，7月17日赵子龙在《为妇女慰劳会进一言》中声言要与妇女慰劳委员会"商榷"，说委员会里会有不少"见利自私者"，因此要提防募款落入"经手人之私囊"，因此希望主持委员会的夫人们女士们"全始全终，躬亲采办，务使一涓一滴,尽入我革命健儿之手"。这种话当然不中听。此后对于中央大戏院的慰劳剧演《福尔摩斯》《罗宾汉》和《金钢钻》似乎要和政治当权保持距离,也一致不啃声,但到了天马会演出时它们一拥而上,在报道中常常是冷眼旁觑风言风语,如上文说到那些观察打听唐瑛如何在包厢里看陆小曼《玉堂春》的报道,不是《罗宾汉》就是《金钢钻》的记者所为。

这些小报本来就对陆小曼、江小鹣等有敌意,而《玉堂春》等于像成语说的"开门揖盗":暴露家中的暧昧隐秘犹如裸身靶子,还免费给人弹药。"蝴蝶效应"终于发威,由《福尔摩斯》来挑头发难。据该报记者平襟亚的《两位女人与我打官司》一文,那晚他和主编吴微雨观看了《玉堂春》:

> 看后回到报馆闲谈,有人说陆小曼的苏三演得很不错,据说是翁瑞午一手教她的,翁原是个名票,曾和梅兰芳为配角演出《白蛇传断桥》,翁不但演

小生拿手,早年也演过旦角《花田错》。又有人插嘴说:"徐志摩从英国回来后,与前妻张嘉玢(幼仪)离婚,和小曼在上海同居,俨然夫妇,可是,志摩是个忙人,上海和北平常来常往,未免使小曼感到寂寞,尤其是小曼经常有病痛,有人介绍翁瑞午替她按摩,同时教她学习京戏,迄今年余,她和翁的情感已经不正常,志摩竟置若罔闻。"另一人说:"今天的戏,理应志摩起王金龙才对,为什么让翁瑞午起王金龙,志摩起崇公道,那就仿佛把爱人牵上堂去给别人调情,这个穿红袍的江小鹣也是志摩的朋友,居然也胡得落调,他们是出丑出到戏台上大庭广众之间去了。"

这段话里说志摩与小曼"同居"等颇有谬误,可见当时口传历史的威力。过了几天,12月17日《福尔摩斯》刊出屁哲的《伍大姐按摩得腻友》一文(下称《伍大姐》),便是那

天看完戏之后在报馆里众人七嘴八舌议论之后的产物,全文如下:

> 诗哲余心麻,与交际明星伍大姐的结合,人家都说他们"一对新人物,两件旧傢生"。原来心麻未娶大姐以前,早有一位夫人,是弓叔衡的妹子。后来心麻到法国,就把她休弃;心麻的老子,却于心不忍,留那媳妇在家里,自己享用。心麻法国回来,便在交际场中,认识了伍大姐。伍大姐果然生得又娇小,又曼妙,出落得大人一般。不过她遇见心麻以前,早已和一位雄赳赳的军官,一度结合过了。所以当一对新人物定情之夕,彼此难免生旧傢伙之叹。然而傢伙虽旧,假使相配,也还像新的一般,不致生出意外。无如伍大姐曾经沧海,她傢伙也似沧海一般。心麻书生本色,一粒粟似的傢伙,投在沧海里,真是漫无边际。因此大姐不得不舍诸

他求。始初遇见一位叫做天鹏的，小试之下，也未能十分当意，芳心中未免忧郁万分，镇日价多愁多病似的，睡在寓里纳闷。心麻劝她，她只不理会。后来有人介绍一位按摩家，叫做洪祥甲的，替她按摩。祥甲吩咐大姐躺在沙发里，大姐只穿一身蝉翼轻纱的衫裤，乳峰高耸，少腹微隆，姿态十分动人。祥甲揎袖捋臂，徐徐地替大姐按摩，一摩而血脉和，再摩而精神爽，三摩则百节百骨奇痒难搔。那时大姐觉得从未有过这般舒适，不禁星眼微饧，妙姿渐热。祥甲哪里肯舍，推心置腹，渐渐及于至善之地，放出生平绝技来，在那浅草公园之旁，轻摇、侧拍、缓拿、徐捶，直使大姐一缕芳魂，悠悠出舍。此时祥甲，也有些儿不能自持，忙从腰间，挖出一枝短笛来，作无腔之吹，其声呜呜然，喷喷然，吹不多时，大姐芳魂，果然醒来，不禁拍桌叹为妙奏。从此以后，大姐非祥甲在旁吹笛不欢，久而久之，大姐也能吹笛，吹笛之外，并进而为歌剧，居然有声于时。一日沪上举行海狗大会串，大姐登台献技，配角的便是她名义上丈夫余心麻，和两位腻友，汪大鹏、洪祥甲。大姐在戏台上装出娇怯的姿态来，发出凄婉的声调来，直使两位腻友，心摇神荡，惟独余心麻，无动于中。原来心麻的一颗心，早已麻木不仁了。时台下有一位看客，叫做乃翁的，送他们一首歪诗道：诗哲当台坐，星光三处分，暂抛金屋爱，来演玉堂春。

文中四人乃《玉堂春》中主要人物，姓名借用古典诗词对仗与《红楼梦》中人名索隐的修辞手法，余心麻即徐志摩，伍大姐即陆小曼，洪祥甲即翁瑞午，汪大鹏即江小鹣。最后的"歪诗"点出《玉堂春》搬演三角恋爱，谓徐志摩却没能金屋藏娇，将爱人拱手让给第三者。然而文章简略交代陆小曼的两度婚史，又和江小鹣乱搞，把她说得像个潘金莲式的荡妇，然后如透过窗孔看到房中翁为陆按摩的一幕，从虚虚实实浓描细写的大量象征与隐喻的意象，读者能意会与《金瓶梅》差不多的性爱过程。小报难得有这么黄暴而雅致的文章，报纸大卖，其恶劣影响可想而知。

关于这篇文章的出笼过程，平襟亚说吴微雨根据大家的谈话写了一篇文章，第二天送给他修改，他把四个人的真名改成余心麻、洪祥甲等假名，又删去了黄色的句子，就交还给了吴微雨，没想到过了几天之后发现《福尔摩斯》把它登了出来，除了姓名之外，其他都没改动。但是卢大方在《上海滩忆旧录》中说："陆小曼体弱多病，常请一个按摩医生名翁瑞午者到她家里按摩，日久情生，外间遂传出艳屑，当时笔者老友胡憨珠兄是《时报》的外勤记者，常以跑龙套、探子报等笔名，为《福报》撰述，得兹消息，便写了一篇《伍大姐按摩得腻友》的文章，引致各方的注意。"并说因此和"著名交际花"大打官司，"哄动了上海整个社会，使《福尔摩斯》销路为之激增"（台湾世界书局，1985年再版，页84—85）。

据此很有可能原稿是胡憨珠所写,虽经平襟亚做了修改,但结果可能还是由吴微雨和胡憨珠拍板定稿。

这位平襟亚相当有能量,曾经撰文揭露女作家吕碧城的隐私而被控告,蔡登山在《繁华落尽——洋场才子与小报文人》一书中言之甚详。平氏常熟人,少时到上海给报纸杂志投稿,遂以此为生。二十年代中以网蛛生的笔名发表长篇小说《人海潮》,名声大噪。后来办书局,至四十年代办《万象》杂志,可说是出版界的一个传奇。他也学过法律,曾编著《刀笔评论文选》《中国恶讼师》之类,一副尖刻犀利的做派令人侧目,徐、陆等人以为这篇《伍大姐》

平襟亚,《技击汇刊》1918

之文也出自平氏手笔，实际上不是，因此后来在法庭初审时平襟亚即被开脱了。

《伍大姐》刊出后，各小报并无反应，唯有《小日报》横里杀出程咬金，在18日刊出署名"窈窕"的《陆小曼二次现色相》一文，首先提醒读者说昨天在《福尔摩斯》上的《伍大姐》是一篇"近代小报之妙文"，作者把它当作像《陋室铭》那样的经典范本加以模仿。该文叙述徐志摩与陆小曼本来皆喜好戏曲，婚后"家庭间夫唱妇随，此唱彼和，融融穆穆"，后来通过朋友江小鹣的介绍认识了翁瑞午，"由是小曼得翁瑞午君之指教，久而久之，艺遂大进"。这篇文章看似在极力称道徐陆夫妇的恩爱，然而用意险恶，后面还特意点出《玉堂春》："一日沪上举行天马大会串，小曼登台献技，配角即彼丈夫徐志摩，及江小鹣、翁瑞午两君。小曼唱做俱佳，娇怯之姿势，凄婉之声调，博得全场彩声。"本来《伍大姐》文中都是假名，只有知情人才能读懂，徐陆等人还可以装糊涂不予理会，但这篇《小日报》之文以实写的方式把《伍大姐》

文中的假名一一坐实,而且诉诸广大读者。

一连数日《福尔摩斯》的律师詹纪凤照会《小日报》,指责其恶意挑拨,将为后果负法律责任,而《小日报》又加以反驳。这么做等于继续炒作,唯恐路人不知,这就使徐陆等无所逃遁,遂把《福尔摩斯》告上法院。

重演《玉堂春》情何以堪

《陆小曼二次现色相》最后说徐志摩、翁瑞午与江小鹣"更将于二十三日共舞台慰伤病军士会中,与小曼女士同登台演玉堂春,记者又得饱眼福矣"。说原班人马又要演出《玉堂春》,同一日《晶报》也发了消息,原来由蔡元培和郑毓秀发起,组织一场规格更高的"中华妇女慰劳伤病军士会"义演,《玉堂春》仍是大轴,压台戏则是由黑道大佬杜月笙和张啸林参演的《黄鹤楼》。十二间包厢,每间一百五十元,预定的包括蒋介石、宋子文、虞洽卿、伍朝枢、法国领事馆、黄金荣、杜月笙、张啸林等,皆为党政顶尖人物。黄金荣是共舞台老板，免费提供演出，巡捕房还派来四个暗探，由黄金荣亲自指挥。

京剧表演之后还有游艺会，由郑毓秀的妹妹郑慧琛担任主席，蔡元培及其夫人、张溥泉夫人、宋子文夫人、褚民谊、王正廷的女儿等皆上台表演，节目有演说、昆曲、魔术、舞蹈等。

此时陆小曼与翁瑞午的绯闻几成丑闻而家喻户晓，陆徐等人准备告诉《福尔摩斯》，不光心绪不宁，且这番已风光不再，要在众目睽睽之下再度演出《玉堂春》，尤其对于陆小曼来说，情何以堪！但是这出戏对于理解陆小曼的上海经验至关重要，且整个过程牵涉到上流社会和舆论如何斡旋处置这一危机事件，从中可略窥所谓"民国范儿"是怎么一回事，所以值得再说一说。

陆小曼显然一万个不愿意，但是义演日程和节目已经定好，对于主办者来说也是两难，事关上流社会体面，蔡元培和郑毓秀不可能充耳不闻。这次义演深具政治意义，如果取消《玉堂春》会引起议论，对主办方及徐陆他们都不利。看来在一番斟酌之后决定坚持演出，这样把小报所言当作造谣污蔑，借此施以援手，维护他们的公众形象，对小报也是一种抗议的表示。于是蔡、郑对小曼做了一番工作。透露这消息的是黄梅生，在24日《上海画报》的"特刊"中说小曼："自天马会一度表演后，即受医生之嘱，须静养年余，故有不再演剧之意。此次因郑毓秀、蔡子民二博士再三邀请，蔡先生并亲访徐志摩君之尊人，以陆女士加入表演相要求，小曼女士因不得已，只得允诺，但自此以后，决不再演矣。"从中可看出小曼万不得已的情景。徐父一向瞧不惯这个儿媳妇，为什么蔡元培要请他出面？谈话内容不得而知，八九是跟小报谣传与家族声誉有关。

"自此以后，决不再演"，在作这一表示时小曼的内心凄惨不难揣知，这不仅对她唱戏，对她此后在上海的生活方式也是一种逆转。

这次《玉堂春》的节目单意味深长，23日演出当天在

天马会剧艺会戏目,《申报》1927年12月6日

中华妇女慰劳伤病军士会戏目,《申报》1927年12月23日

《申报》《新闻报》《民国日报》等大报上发布，次日《上海画报》也跟进。上次天马会演出列出四人真名，这次却是江小鹣君、陆小曼君、六桂室主、海谷先生。后面两位是翁瑞午、徐志摩，都用了化名。这一改动是个高招，去掉了三角恋的真人秀成分，表面上能避开公众注意，可杜绝捕风捉影。此时对徐陆来说也巴不得自我淡化。显然这么做在主持者方面也可说是煞费苦心，也只能聊以亡羊补牢了。

媒体的回应值得推敲。这次《玉堂春》不那么抢镜，除了自身的原因，更因为高层云集，来头大的有的是，记者大多聚焦于杜月笙、张啸林等人，还有游艺会上郑毓秀的报告、蔡元培的演说及其夫人的表演，褚民谊从法国带会回的魔术表演等。《上海画报》照例做了"妇女慰劳伤病军士会特刊"，登刊了蔡元培、郑毓秀等人的照片。这回上了《特刊》头版是郑汉英，介绍说："郑毓秀博士侄女公子。女士新自法归国，音乐舞蹈均所擅长。丰姿秀美，将舞却而斯登舞，其舞侣则为法领事之女公子。"那时上海刚开始流行"却尔斯登"

郑毓秀博士

蔡子民先生

《上海画报》1927年12月24日

舞,比华尔兹、探戈等更富于热力和动感,同年茅盾因"大革命"失败返回上海,躲在弄堂房子里写了《蚀》三部曲,最后一部《追求》中的女角色章秋柳会跳却而斯登舞,很有狂热而颓废的意味。

在这个《特刊》的第三版也有陆小曼照片及一幅花鸟画,可谓给足面子。然而假如翻开《上海画报》对天马会剧艺会

郑汉英女士,
《上海画报》1927年12月24日

的报道,那时她的锋头十足,一月之内却风云变色,不知她会作何感想。

《申报》记者金华亭《参观妇女慰劳伤病军士会以后》说:"江小鹣、陆小曼、六桂室主、海谷先生四君之玉堂春,陆的扮相很美丽,嗓音亦宛转自如,口供时的一段二六更妙,六桂室主亦不错,江君小鹣亦能敷衍,惟海谷先生的台步,不走便罢,一走就要令人发笑。但他几声哈哈笑,亦还不错。"(12月26日)虽然在形容海谷先生,可是这么走台步已经成为志摩的招牌,只是不知有几人能体会他的苦中作笑。

《上海画报》力挺陆小曼一如既往,在24日的"特刊"

中刊出小曼照片和画作一幅。然而微妙的是具体报道中有虚有实,周瘦鹃《红氍真赏录》一文说:"陆小曼女士、翁瑞午君、江小鹣君之《玉堂春》,已于天马剧艺会中,

天马剧艺会中之陆小曼,
《上海画报》1926年12月6日

蜚声沪渎。……此次戏目中,有一海谷先生,不知其为何许人,殆即当日御大红袍而台步如机械人之徐志摩君乎?"假痴假騃和盘托出,殊为有趣。27日刊出杨吉孚《妇女慰劳会观剧记》说:"陆小曼女士演玉堂春,较上次又有进步,开场即预留嗓音,从六桂室主之忠告也。"不点出翁瑞午,意在障人耳目。同一日有漫画家黄文农的《玉堂春》速写,题为"翁瑞午江小鹣徐志摩陆小曼之《玉堂春》"。

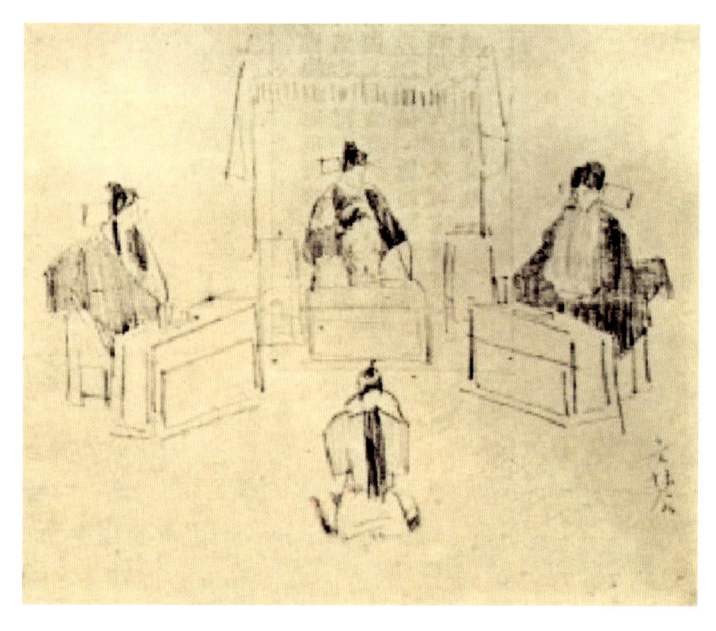

黄文农，《玉堂春》速写，《上海画报》1927年12月27日

黄文农作了不少速写，给各报拿去，《晶报》在27日仅刊出题为"妇女慰劳伤兵游艺会"的一幅图，由漫画家黄文农所作，一个圆形当中画了十个人，如虞洽卿、陈群、郑毓秀、杜月笙、张啸林等，大多是坐在包厢里观剧或演戏的大

黄文农，中华妇女慰劳伤兵游艺会速写，《晶报》1927年12月27日

佬级人物,而陆小曼、徐志摩等不见影踪。对照上面12月9日黄文农为转陶的《天马剧艺中之一对伉俪》一文的配图,前后风景悬殊。

小报的另一边,《罗宾汉》刊出《妇女慰劳游艺会趣闻》,仅三两句谓徐志摩因近视眼而走台步"如履薄冰",略加嘲笑而已。《金钢钻》对慰劳会毫无表示。此时《福尔摩斯》已知道陆小曼等要告状,正竭力撇清,它声明说对于陆、徐等名人一向心怀敬意,《伍大姐》一文引起"误会",但毫无中伤之意,对于妇女慰劳会有一篇

郑汉英,《上海画报》1928年2月15日

燕尾的《郑汉英女士之妙舞》，对蔡元培夫妇等人的游艺会大加赞扬："尤以郑毓秀博士侄女汉英女士之却尔司顿舞，为最有精彩。郑女士留学法国七年，敦品励行，啧啧称道于巴黎人士之口中，今秋归国，将尽其所学之长，供献于党国。日前因博士之请，登台跳舞，姿态之曼妙，动作之敏捷，无出其右。舞时翩翩如林峰蛱蝶，袅袅如拂水柳枝，一时叹为绝艺，博得台下掌声雷动。说者谓：若女士之舞艺，不但中国人士中所罕见，即西洋人士中亦不多觏，想见其研究有素也。"（12月26日）上文说过，郑汉英大有"明日之星"之概而受各报追捧，更何况是郑毓秀的侄女，这对于陷于窘境中的小曼来说倒可转移公众视线。《福尔摩斯》的这篇记者报道写得热情洋溢，显然极其"识趣"。

只是《小日报》仍然诡谲不已，玲珑的《共舞台慰劳会中》一文写道："陆女士唱毕入后台，即呼曰'冻煞了，冻煞了'。徐君即脱其所御红袍，裹女士以入。"然而接着又说："余入座后，有数客人，殆小报癖者。当陆小曼女士上台时，彼等忽大谈其福尔摩斯小报上之稿,'大姐大姐',絮叨不已,心虽恶之,顾无如之何。乃移坐左首,讵意座后数人,亦复如是。再移一处,又如是,亦异矣哉。"(12月25日)此文貌似形容陆、徐伉俪情深,其实心存不良,说自己数次移座,却不断听到观众在议论"伍大姐",刻意渲染《伍》文的轰动效应,因此作者说"恶之",乃虚晃一枪,为自己涂了一层保护色。

总的来说,这些小报都较为"识相",实在来说也起不了多大风浪,得罪不起主流社会,跟妇女慰劳会的政治性有关,何况黑道三巨头全部出场。这方面陆小曼的运气要比阮玲玉好得多。

在天马会演出时有传言蒋介石会来看戏,结果没有来。这次虽然为他定了包厢,也不见身影。其实12月1日蒋介石与宋美龄在大华饭店举行了婚礼,这一段日子在上海,大报中不乏有关蒋氏下野或请愿的消息,而小报们则争先恐后地刺探曝光他的情史。

临时法院三堂会审

12月25日《小日报》版首"今日报告"栏目中第一条:"某女士无端被人侮辱,本拟即日提起诉讼,嗣因女士于二十三日有极忙之事,连日筹备不遑,今二十三日已过,故决开始诉讼手续之讨论云。""某女士"指陆小曼,她"无端"遭到《福尔摩斯》的"侮辱",当即打算起诉该报,但一直在"筹备"二十三日的妇女慰劳会的《玉堂春》演出,现在忙过了,诉讼即将进行。这个小报告署名为"玲",估计即"玲珑",即上面提到的写《共舞台慰劳会中》的极为诡谲的那位。

《小日报》由韩啸虎、沈吉诚创刊于1926年8月,每日出刊,起初它与《晶报》《上海画报》的关系较为密切,那两报的不少作者也为《小日报》撰稿。然而一年之后情况有所改变,稿源不济,销量下滑。在小报中间围绕着徐志摩、陆小曼以及云裳公司分为两派时,《小日报》置身局外。同样对于第一二次妇女慰劳会的义演活动也不吱声。但是趁《伍大姐》之机它马上发表了《陆小曼二次现色相》一文，目的在于跟《福尔摩斯》捣蛋，促进销量，实际上对徐陆也不怀好意。果然在《小日报》的巧妙挑拨下，徐陆被逼诉诸法院，《小日报》也一直跟踪案子的进展。

打官司方面《福尔摩斯》是老手，每次卷入法律纠纷，都将法庭审判经过披诸报端，各报也会派记者列席旁听，也会对庭审过程加以评论。控辩双方律师在进行口水之战时，也吃足奶水拼足力道，即使尔虞我诈，强词夺理，也皆振振有词以专业主义为标榜。虽然《伍大姐》一案的审理不像电影《十二怒汉》或《费城故事》那么精彩，不过笔者不妨如法炮制，摘录双方证词，借此大致可见整个审理的过程。

法院接受了徐等的告状，于12月30日开庭初审，据1928年1月2日《福尔摩斯》上燕尾的《本报又一讼案》一文：

本报前有屁哲先生，投来一稿。题为"伍大姐按摩得腻友"一文，察其文理，似尚通顺，且意境含有滑稽性质，而饶有趣味者，因乐为刊之。

不谓披露以后，经同业嫉妒者之挑拨，引出某某两君，自承其事，与本报交涉，日前竟向法院起诉。法院循例传本报主笔吴微雨到案，微雨之外，并波及一漠不相关之平襟亚君。吴、平两君，于三十号上午九时到案受审。

时推事周先觉升座第二法庭审理，当由原告律师张孝琳陈述案情，指本报为公然侮辱，散布流言。本报亦延詹纪凤律师代理辩护，詹律师声称平襟亚与《福尔摩斯》无关。前富春楼一案，牵连平姓，嗣原告亦以误会，备状撤回，现又涉及平姓，谅必亦以错误，应请堂上谕令告诉人自行撤回。时原告律师起称，对于控诉平姓部分，请求撤回，阅官准之，

> 两造律师又请将案展期审理,庭谕本案改期下月十日午后传讯……

《福尔摩斯》刚与沪上名妓富春楼老六了结一场官司,所以文章以"又一讼案"为题。此文固然代表该报立场,但法院审理过程的事实性叙述不能瞎编,也并未引起任何方面的异议,应当可信。据此有两点可注意,所谓"引出某某两君"指的是徐志摩和江小鹣两人,乃正式出面控告者。第二,詹律师声称平襟亚与《福尔摩斯》无关,应当出示证据说明《伍大姐》一文不是平氏所撰,其实这应当出于平氏自己的要求,正如他自己说原稿是吴微雨写的。堂上应当传阅了证据,原告才同意撤回对平的指控。据此可知平襟亚确是被告,且第一次审案之后他就被开脱了。

不知怎么的平襟亚后来相信自己经历了《伍大姐》一案的全过程,并涉及法院内外的不少有趣枝节,据陈巨来称,平襟亚亲口对他说,《伍大姐》一文"语涉黄色,使徐、陆、翁三人大恚，特请上海著名英国律师某控平于租界法院中，以谓必可使平氏低头作更正之文道歉者。哪知当时租界法院有一事例，任何人每月如已犯过案件，第二件即任何罪名不受理了，平公早知有此一着棋子，故在登报之前即故意犯一违章小案，罚款五十元矣，故翁、陆上堂时，平公即出示已经罚过款，受过处分了，一点办法将他奈何不得也。此平君以为得意之笔，后来亲自告余者也"。(《安持人物琐忆》，页64）另在平氏的自述《两位女人与我打官司》中有着更为详细的叙述，说詹纪凤如何钻了法律条例的空子，与租界刑事科串通一气，把平襟亚告上法庭。最后法院宣判的结果的确与"一案不再审"之例有关，但在实际上根据当时小报的记载，平襟亚在初审时就已经开脱，在后来两次的法院传审中他再没有露过面。

初审未得结果，定于1月10日再审，然而风云突变，工部局刑事检察科发现《伍大姐》之文属于"秽亵文字"，另一幅裸体画也"有伤风化"，因此对《福尔摩斯》提出公诉。

4日报馆接到传票，5日因吴微雨不在上海，由经理胡雄飞到案接受审讯。审理过程见诸1月9日《福尔摩斯》上《伍大姐按摩罚洋卅元》一文。上午十时梁龙庭长升座第一刑庭，先由租界总巡捕房律师梅脱尔说明起诉案由。关于裸体画，詹纪凤辩称所刊出的裸体画属于美术品，从租界中出售的某日本杂志转载，所以不得以"秽亵"视之，同时他把日本杂志递上检察。关于《伍大姐》一文，文章说：

> 既而堂上讯及《伍大姐按摩得腻友》一文，代表詹律师辩称，按摩系一种医学上之名词，西洋妇女在沪业此者甚多，试翻阅《申》《新》两报，则广告栏中触目皆有此项广告，况文中所言，胥述按摩时之一种手势，殊无秽亵之处，且此稿系外间所投，其文字或有不当之处，乃系编辑偶尔失察，实非故意行为，应请从轻处罚等语。梁庭长遂判被告被控淫画部分，无罪；惟《伍大姐》一文，实已触犯秽亵刑章，应处罚金三十元云。

6日《小日报》上漫游生《登载秽亵文字之果报》一文已经对这次庭审情况做了报告，内容基本相同。作者对于法院的判决欢欣鼓舞，并发了一通议论说有的小报喜欢登载这类秽亵文字，因而给"社会间之上流人物"看不起，这次虽然《福尔摩斯》只罚了区区三十元，但"便足寒好载秽亵文字者之胆哉"。

这次把《伍大姐》告上法庭的是租界巡捕房刑事检察科，看似与徐陆等一案无关，却发生影响。当时上海公共租界的会审公廨被临时法院所取代，外国律师被迫退出华人诉讼市场，徐志摩与江小鹣聘请华人律师张孝琳，并非如平襟亚说的"著名英国律师"。临时法院有刑事法院与民事法院，徐、江一案涉及侮辱毁谤罪，因此上告于刑事法院。同时租界工部局巡捕房对《伍大姐》和裸体照提出公诉，乃是执行其向来检察"淫秽"书刊电影等的职能，其律师仍是洋人。

10日《伍大姐》案复审,据14日《福尔摩斯》的《伍大姐案之结果》,下午二时在第九法院开审,仍由周先觉主审。原告到庭者徐志摩、江小鹣,另有翁瑞午,律师张孝琳。被告吴微雨,律师陈则民和詹纪凤。先是张孝琳将控告理由复述了一遍,然后是詹纪凤的辩护词:

> 本报所载《伍大姐按摩得腻友》一文,早经总巡捕房刑事检查科之检举,由贵院依中华民国新刑律二百九十二条之条文,处罚金洋卅元。照刑法原则论,刑事案件,一事不再罚,一案不再审,且根据刑诉条例三百四十条第二项之规定,凡已经起诉之案件,不得重向同一法院起诉,又据新刑律二十六条,以犯一罪之方法或其结果而生他罪者,应从一重处断,是则本案早经贵院处罚,再无审理之可能。况中国刑法,取国家诉追制度,被告前所受者,为中华民国新刑律二百九十二条之处罚,并非巡捕房

之违警处分，是则本案被告，既因此行为受国家刑法上之制裁，告诉人岂能更以此同一行为使被告人再负刑法上之责任……

詹氏以"刑事案件，一事不再罚，一案不再审"为理据，提出此案已结，无再审之必要。这些条文是否合理属另一回事，这超出此案的法院职能范围，而他历数刑法条文振振有词，确实工部局巡捕房因发现《伍大姐》"秽亵"而提出公诉，乃行使其职权，只是在《伍大姐》案中间插入，给《福尔摩斯》钻了个空子。据平襟亚说，那是《福》报律师詹纪凤"花了钱叫巡捕房稽查员把这篇文字交给捕房律师，立即向法院起诉"。当然法制有漏洞，律师上下其手都有可能，但是徐志摩等在24日之后才递进告状，詹纪凤花钱买通的话应当发生在此后，然而早在12月22日《小日报》上太平的《中外印刷所》一文说捕房派人去甘肃路中外印刷所查问刊印《伍大姐》文的情况。因此平氏的说法也有问题。另外从原告方面看，律师是否知晓"一案不再审"的原则？尤其在6日《小日报》和9日《福尔摩斯》分别报道了《伍大姐》受审遭罚的情况，而原告方面似乎漠知漠觉，并未准备相应的对策，以致在复审时处于被动。

张孝琳继续申诉："本案前所处罚者，为有伤风化，现在诉追者，因此一文侵害徐志摩、江小鹣、陆小曼、翁瑞午等四人之法益……"显然《伍大姐案之结果》必然具倾向性，张的申诉被省略，然而大意是现在要求审理的是"公然侮辱"和"侵害"名誉罪，与前一次被罚的性质不同，因此"一案不再审"的原则并不适用。此时辩方另一律师陈则民站起来声辩说：

> 本案原告对于诉讼主体完全错误。查本报登载《伍大姐》一文，所指者为余心麻、汪大鹏、伍大姐、洪祥甲等，与原告姓名完全不符；且本系亲告罪，非余心麻本人出面亲告，本案不能成立。况"公然

侮辱人"之"人"字，必有所确指，如张三，如李四，不能字面上明明说张三、李四出而干涉，谓为影射及我、侵及我之法益。如本案主体认余心麻，亦惟姓余名心麻者，始得为诉讼主体人，或徐志摩有别署曰余心麻，亦得为诉讼主体。今徐志摩既非余心麻，当然与本案之主体条件不符。譬如我名陈则民，有人谩骂东则民，当然与我无涉，岂我亦得因之控诉其人耶？假使如此而得行使诉权，则有名西则名者，亦得控诉；有名南则民者，亦得控诉，法庭将不胜其审理矣。总之，亲告罪，必确为本人，才能告诉，旁证曲引，为法律所忌即以防止入人以罪也。……

张孝琳驳斥道：

> 据陈律师所云，东则民不能控诉，此以一个人

而论，当然不成立。例如有人云，东则民某日与张孝琳在法院办理某案，此与事实相符，并连类及于第二第三者，当然东则民得出而告诉。今《伍大姐》一文中，首写余心麻，连类及于汪大鹏、伍大姐、洪祥甲，并及海狗会演《玉堂春》，查考事实与人名，若合符节，若说另记一事，决无如此天生巧合者……

陈则民律师云：

现行的法律具在，尚且说不能援引，岂能将"天然巧合"四字入人于罪耶？此"天然巧合"四字，与"莫须有"三字无异，法律决不能以"莫须有"三字定谳。且《伍大姐》一文，全属小说体裁，其中事实，空无所指，原告不能加以索隐，如《红楼梦》一书，曹雪芹初无影射，后世好事者，聚讼纷纭，指贾宝玉是谁，林黛玉是谁，然而终不能以此为信谳，小说终于是小说耳。故原告所云，事实与人名类似，不足为凭。……

詹律师又云：

今日开审，先决问题，在诉讼法，实体法尚谈不到，试问一个行为已经判定确定后，是否更能以此行为再行起诉，总之本案起诉程序，已违背刑诉条例第三百六十四条第四项之规定，明文俱在，绝无再审之理，乃请庭上驳回原诉。

最后法官宣判："此案已经捕房起诉处罚，刑事部分注销。如原告确有何种损失，应向民庭另行起诉……"

14日《小日报》刊出卜一的《伍大姐案我之旁听记》，对过程有所补充，即在陈则民之后张孝琳反驳道："《福》报内容纯系新闻性质,若以此稿为小说,则应在标题上加小说二字,以示区别。去年有吕碧城女士,亦有类此同样案件控告平某,须平某指出稿中人物。今亦不妨请《福》报主笔,传请余心麻、汪大鹏、洪祥甲先生,伍大姐女士,到案对质也。"对于最后宣判也做了与《福》报略有不同的补充:"周推事谓此案虽与捕房所诉同一事实,其中确有两种分别。原告既欲要求赔偿名誉损失,可另行具状,向民庭起诉也。"

笔者不惜敲痛手骨作文抄公,因为觉得这个案例实在有趣有价值。它能帮助我们还原部分历史场景,纠正某些甚至是当事人的回忆叙事,在别的地方很难看到,除非能看到当年法院的审理记录。虽然每日《申报》刊出各个法院的审判结果,无非是干巴巴的条文,而小报这么刊登法院现场记录某种意义上等于在给大众传播法制观念及法律知识。

论者认为此案"不了了之",不禁要替陆、徐愤愤不平。且不说"一案不再审"本身有问题,既然临时法院已在受理《伍大姐》一案,为什么又接受巡捕房的同一性质的案子且马上做出判决？徐陆他们明显吃亏，不仅是法律制度的问题，也暴露出他们的弱点，双方的律师阵容就不平衡，代表《福尔摩斯》的律师，除了詹纪凤，另有被称为"上海之著名大律师"、"律师之资格历史为最深"的陈则民。(《福尔摩斯》，1927年12月26日)他是资深律师，曾任上海律师公会会长。按照最后判决，徐陆还可以把官司打下去，然而转向民事法院的话，孰胜孰负仍在未定之天，即使胜诉也没多大意思，就这样也只能"不了了之"了。

陆小曼既未在原告名单上，也始终未出庭，而张孝琳建议原告当事人与《伍大姐》一文作者当庭"对质"，只能使陆小曼更为难堪。如果真是这样徐陆江翁全部出庭，岂非法院变舞台又将上演《玉堂春》？张孝琳从法理出发，似未能把握原告的尴尬处境。

此案按照"诉讼法"了断，但是陈则民提出"实体法"，实际上亮出了另一张牌，可见他做足功课有备而来，而且反复论证，逻辑严密。《伍大姐》一文到底是"新闻"还是

"小说"是个饶有兴味的议题。小报有关当时名人的报道属新闻叙事,却具戏剧化或小说化倾向,而《伍大姐》则是个反转的例子,它属于小说写法,却把徐陆等人及天马会的假名切入《玉堂春》的新闻,即使事先做了"此文纯属虚构"之类的声明,其"侮辱"性质不言而喻。但是公众的情感判断是一回事,在法庭上法理证明是另一回事,按照陈则民的"实名制"逻辑,你自己一定要对号入座,那好,坐高铁上飞机请出示身份证,对不上没门——这一招也逗比够绝。

《伍大姐》一案的司法程序大抵可谓公开透明,控辩双方律师当庭对质皆以法律条文为理据,合专业规范。法庭遵照程序宣判,具权威性。有意味的是与徐陆关系密切的郑毓秀在1927年11月被委任为上海临时法院院长,但她未就任而转任法租界第二特别法院院长。(《上海名人名事名物大观》,上海人民出版社,2005,页174),她的老公魏道明此时任国民政府司法部次长,看来两人与《伍大姐》一案毫无关系。

《伍大姐》案12月30日初审之后恰逢元旦,《上海画报》刊出陆小曼赠与黄梅生的贺年卡,所画松石旁题诗一首:"无人请我,我自铺毡松下坐。酌酒裁诗,调弄梅花作侍儿。心欢易醉,明月飞来花下睡。醉舞谁知?花满纱巾月满杯。"给案子缠身,高兴不起来,独饮松下显得落寞,所谓"醉舞谁知?"就不无凄凉了,然而最后"花满纱巾月满杯"一句诗情满怀,洒脱随性,才情抒发之际不无一份淡定。显然给这张贺卡所激发,张丹翁写了一副对联送给陆小曼,1月6日出现在《上海画报》上,附有一小启:"昨晚元旦,忽然高兴,撰

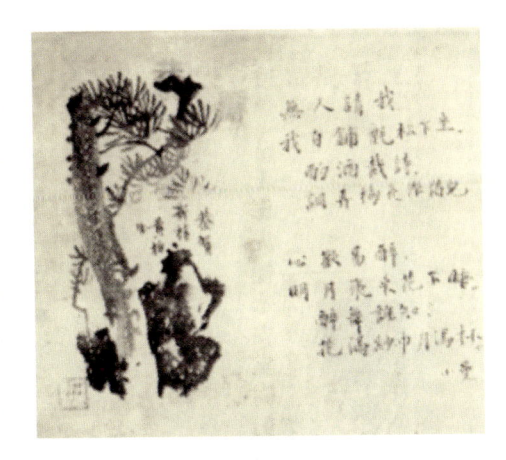

陆小曼赠黄梅生贺卡,《上海画报》1928年1月1日

书一联赠陆小曼女士。释文曰:'小词不俗休怀宝,仙画无师已动人'。自谓精绝,可以制版。惟边跋'为'字,非徐先生尊鼻象形也。呵呵,芥兄,弟丹翁顿首。"这个小启是写给画报主编钱芥尘的,仿金文字体撰写,确是"精绝"之作。丹翁老是拿志摩的大鼻子寻开心,这里又提了一笔,拿他哭笑不得。然而如此不吝称赞鼓励小曼的才情,算不得英雄救美,也不属卡西莫多式的痴心,但爱美惜才之意溢于言表,这份友谊也颇难得,小曼也因之与他们更为热络了。

张丹翁赠陆小曼女士联,《上海画报》1928年1月6日

余波涟漪

"民国范儿"满天飞,能捕捉到一点尘埃,也得有个时空的交点。民国以来尽管北洋政局一塌糊涂,战乱无已,上海却长足步入现代大都会,民族资产阶级在与租界当局的龃龉合作中不断开拓自身的经济空间,也形成与之相应的文化秩序,含有尊奉诚信、家庭与自尊体面等一套价值的规范与礼仪。陆小曼的1927年,从时装公司到戏装舞台,万花筒般映现上海文化的无限风光,切入时尚、文艺、政治、经济、法律等脉络,更由其违和甚或叛逆的异质而激起阵阵浪花,某种意义上可看作一场新旧之间的"文化之战"。她的惊艳、辉煌与屈辱离不开媒体的运作,归结于各种社会力量的妥协,若用张爱玲的"节制"一词,庶几得"民国范儿"之实。

二十年代末的小报是上海文化奇观之一,鸳鸯蝴蝶派也迎来了黄金时段。印刷资本开源分流,大大拓展了市民的阅读空间和闲暇文化消费。小报以"名人消费"为特征,榨取明星的剩余价值，迎合大众追星或吐槽心理，给不同经济阶层提供了宣泄情绪的平台，面对市民社会自身的问题，起到暴露社会机制的缺陷及调解不同经济社团之间关系的功能。在竞争中小报之间互相牵制与监察，无不声称以公正和公平作为仲裁标准，同时受制于法律与现存权力机制。如《伍大姐》事件表现小报之间的明争暗斗和低俗情趣，却戳破上流社会的道德面具，含有挑战主流价值的倾向，虽然说到底它背后仍是维护家庭价值的"政治正确"，其颠覆程度是相当有限的。

小报作者品阶混杂，文尽其用，妖孽横行，却激发出逆袭套路另类创意，段子手标题党往往出于二三流文人。尤其是有关京昆旧戏伶人的叙事，鸳蝴派武库中的法宝，诸如国粹、香艳及抒情传统炫技逗能，对于一投手一举足一盼顾，尽穷姿极妍活色生香之能事，金枪蜡烛花拳绣腿熔于一炉。至于幕间窥视、心理刺探，戏里看戏，台下搭台，似乎人人都可成为作者或导演，这种驰骋文学想象将新闻与戏剧交相编织的手法，在平襟亚、陈小蝶、陈巨来的回忆中那种自恋的集体人格得到寓言般的体现。

不过，好日子也快要完了。正当上海各界拥戴南京新政府之时，对于蒋介石也颂扬备至，而在小报上另有一番景观，更感兴趣的是蒋的私人生活。仅举8、9月间《晶报》和《金钢钻》为例，先后刊出《蒋总司令离婚说》《蒋介石三夫人赴美》《蒋夫人之过去、现在及未来》《蒋介石之未来夫人谈》等，至11月《福尔摩斯》有《蒋介石前夫人来沪》等。在小报眼里蒋也是个名人，也有权打探他的隐私。然而随着"党治"的推进，对于社会的各项管制也越来越多，当然包括意识形态领域。1928年1月22日《晶报》上有道听的《蒋介石之新闻观》一文，文中蒋对一位新闻记者说："君采访新闻，而以我之家事为专电资料，曰蒋夫人来宁也，曰蒋介石问病也，是皆我之家事而已，安有新闻价值，以后请勿为此。"这还是比较客气的，一星期之后，在1月30日的《上海画报》上刊出小仓《上海各报检查专员记》，说蒋介石委任冷欣为淞沪警察厅政治部主任,冷欣派四人每日检阅上海各报,"以取缔反动报纸、维护公正舆论"。

自《伍大姐》事件之后,陆小曼变了一个人,不再登台唱戏,也不再像以往作为"交际明星"出现在公共场合。但她并没有从公众视域消失,只是通过某些传媒,局限在朋友小圈子,有时仍然在《上海画报》的头版看到她的照片,照样是精心拍摄的,富于个性和情趣。的确上海交际界也物换星移,新人辈出,这方面《良友》画报更具地标性。1929年1

上海中西女塾女皇陈皓明女士,
《良友》1929年1月号

上海崇德女中女皇苏梅影女士,
《良友》1929年1月号

月"妇女界"专栏中当红新星是上海中西女塾的陈皓明女士,另一位是上海崇德女中苏梅影女士,皆冠之以"女皇"的头衔。1930年2月号刊出郭安慈女士,由上海名媛选举而获"上海小姐"之称。

说到这里,不能漏掉当日一位红透海上的"花国大王",就是陆灏先生介绍过的名妓富春老六。1926年北伐之师

"上海小姐"郭慈安,《良友》1930年2月号

逼近上海时,张作霖派遣手下骁将第八军军长渤海舰队司令毕庶澄率部增援,不料一到上海就给富六迷倒,以致临战仓皇北逃(《听水读钞》,海豚出版社,2014,页177—178)。有关她的传奇一时说不完,不消说她日逐为小报狗仔队追随,花容出镜率为群芳之冠,包括《紫罗兰》《太平洋画报》《红

玫瑰画报》等也竞相刊登她的照片，凡旧派媒体无不把她奉为天人。这里仅举一二与本书有关的。就在陆小曼两度演出《玉堂春》时，如前文提到富春老六在跟《福尔摩斯》打官司。该报登刊了有关她北上"避债"的报道，说她在苏州滞留，专喜与伶人相好且勾搭马车夫而得罪客人等，形容得很不堪，老六向法院提出告诉。控告的不是别人，正是平襟亚，其实文章非平氏所写，因而承认错告。而老六聘请的律师不是别人，正是大名鼎鼎的陈则民，于是转而控告报社主编吴微雨。法院两次开庭，以报馆认错老六撤销控告了结。《福尔摩斯》刊出《富春楼与本报诉讼和解录》云："富六赴苏演剧，全为热心桑梓公益起见，既无避债原因，更不希图渔利，本报记闻失实，以致发生诉讼。本月廿八日临时法院开庭审理，本报表示歉忱。富六亦深谅解，备状撤回诉讼，一言冰释，永息纠纷，诚佳事也。"(12月29日)《上海画报》有道听的《富六谢陈记》：

1927年上海戏台风云

陈惠农(则民)先生,以律师蜚声于沪渎,更以议郎驰誉于京津,今代表富春楼控告福尔摩斯报馆,事既和解,富六温语谢陈曰:"奴告福尔摩斯,亏得陈大律师,告错仔姓平格,大家讲和,冤家少一个好一个,奴少结仔一个冤家,所以奴要谢谢陈大

名花富春楼,《太平洋画报》1926年6月

名花富春楼六娘之男装,《上海画报》1928年12月15日

律师。"若富六者,可谓长于辞令矣。(1928年1月6日)

《福尔摩斯》承认,污蔑又道歉如斯,颇具娱乐性。像老六大约比较好对付,请陈大律师应当所费不少,但陈为她出头,报纸道歉也算诚恳,妓女也有尊严。相比之下陆小曼一案就不爽,但事关"秽亵"多位名流,性质不同,即使请陈则民为律师,也不容易解决。

在法庭和解的当日晚上,富春楼在天蟾舞台演出京剧。那时一般在年头春节期间各舞台有邀请名妓串戏的习惯,

《申报》1927年12月20日

1928年1月9日《福尔摩斯》的《名花会串庆功纪》一文即记载了十多位名妓在丹桂第一台演出的盛况。富春老六喜欢看戏，以"梅毒"（梅兰芳粉丝）著称，既是"花国大王"，其出场广告也要与众不同。其实像《汾河湾》《玉堂春》脍炙人口，电影明星或名妓都能唱，有关报道一大摞，这里就不说了。

伤病慰劳会之后媒体很少出现对陆小曼私人生活的说三道四的文字。如果偶尔有关她和志摩的，也仍然是琴瑟和谐的样子。1929年7月30日画报整版报道田汉所主持的"南

富春楼老六之《汾河湾》，
《晶报》1927年12月18日

国剧社"，除了其他文章和图片，还刊登了志摩的《南国的精神》一文和小曼写的一幅楷书："南国光明——敬祝南国无疆"。

小曼与志摩的爱情童话已经破灭，显然她仍然特立独行，不那么在乎外界的评判。饶有意味是1928年10月《联益之友》上刊出"名票友翁瑞午之新影"，照片旁边是小曼的题词："眠云表兄惠存，翁瑞午赠，戊辰七月，时年卅岁，小曼戏笔。"眠云即赵云眠，《联益之友》的主编，小曼代瑞午题词，其亲昵程度可想而知。

1928年5月12日与5月30日《上海画报》分别刊出她的"戏装""旗装"两幅照片，似乎表明小曼这时期的生活重心，仍然喜欢听戏，也学会捧角，这方面也是从

翁瑞午，《联益之友》1928年10月

《上海画报》得知，她似乎很快成为一位捧角名家。如3月2日的一则"剧讯"说："坤伶马艳云艳秋姊妹，下月有来沪说，预备欢迎者有陆小曼女士及袁抱存、梅花馆主二君。"梅花馆主即徐朗西，与步林屋、袁寒云、张丹斧都是沪上数一数二的捧角权威。到了年底如上文提到周瘦鹃说的，不少北来的女优在上海走红，也有小曼的一份业绩。

陆小曼戏装，
《上海画报》1928年5月12日

陆小曼旗装，
《上海画报》1928年5月30日

就追捧坤伶这件事而言，海派文人较为开明，对于男女旦角的性别转型起了推波助澜的作用。一个"偷梁换柱"的有趣例子是新艳秋，学程艳秋唱腔几可乱真，据说因为是偷学的，使程很不高兴，但到了上海受到热烈吹捧。程腔固属原创，但身材魁梧，而新艳秋在扮相上更讨上海人喜欢。这么看来小曼成为女性捧角家，更有积极意义。3、4月间在《请看小兰芬的三天好戏》一文里小曼为艺人地位鸣不平,且主张旦角应由女子来演,抨击"不知自爱"的男戏子。是小曼一手把小兰芬捧红的,这件事传为剧界盛事,也足以令人感动。以前在北京小曼就与小兰芳相识,在年初听说她在上海舞台演戏,就天天去看,却总看不到,原来小兰芬是个起码小脚色,给排前面过场戏,小曼去得晚当然看不到。于是她天天订座,夜夜捧场,终于小兰芬与名角儿言菊朋配戏,迅速红了起来。

新艳秋,《上海画报》1928年3月6日

小曼的古道热肠受人称道,《上海画报》上连载郑正秋《新解放的小兰芬》一文说:"一向的捧角,何尝有美德?而且大半隐藏着拿人当玩具以及侮辱女性和种种不可告人的恶德。往往郎呀郎的、嬢呀嬢的,捧得怪肉麻。这一回,却是女士捧旦角,其中隐藏着一片苦心和不少同情于弱者的呼声,又充满了热烈的友谊和互助的精神,不达到目的不止,是何等的勇于为友,达到了目的,还不间断的捧场,又是何等的勇于为友,这种捧角,才是有道德的捧角。"在批评演剧界一向论资排辈而抹杀人才的不良制度之后,郑又说:"小兰芬终于靠小曼长时间的谋画和号召,居然把他们的旧习惯改了,我希望旧剧界所有一切不良的旧习惯,都跟着这一遭的改革,一齐继续的改革干净,那么受益的人一定很多很多。"郑称颂小曼是个学贯中西、爱好艺术、很有戏剧天才的"新人物,尤其是自求解放而希望妇女们都解放的新人物"。(《上海画报》,

新艳秋,
《上海画报》1928年4月15日

3月21、30日,4月9日)

在这里小曼身上的新文化因子又激波扬涛,然而女性"解放"的号角声不得不消散在海绵般的日常机制运作中,得穿透人脉和规矩的网络。小兰芬得以"解放"不仅靠陆小曼,还有黄梅生、张丹翁、步林屋等人的揄扬,多半是受了小曼的感染和动员,如郑正秋说的"小曼女士肯下本钱邀朋友,不断捧她",可见她的慷慨,当然这么做也颇费花销。小兰芬这个例子也可见传媒的厉害,张丹

小曼题"兰芬双影",
《上海画报》1928年3月9日

誉满平津之张妙闻,《上海画报》1929年1月6日

翁收她为义女，给她换了个"张妙闻"的雅名，后来她回北京名声大振，1929年新春给《上海画报》寄来照片，一张刊于头版，以端正小楷书曰："梅生叔父惠存，侄女妙闻敬赠"，另一张"誉满平津之张妙闻"，标题是编者加的，的确看上去今非昔比了。

在这个圈子里小曼变得安分起来，除了听戏还拜师学画。不过到了1931年志摩遇难之后，小曼又变了一个人，当然戏也不听了。陈小蝶《春申旧闻》说：

志摩去世以后,她素服终生,从不看见她出去游宴场一次。……她没有钱,她卖了《爱眉小札》的版权,她每日供着志摩的遗像,给他上鲜花。但她离不开瑞午,瑞午也变卖了一切古董书画来供奉小曼的芙蓉税。小曼的病,终日缠身,她掉了一口牙齿,从没有镶过一个。兰泽的青发,常常会得经月不梳,她已变了一个春梦婆了。但是瑞午却奉之如神明,只要小曼开口,他什么都能替她办到。

1941年2月《良友》画报上一整版刊出陆小曼和翁瑞午的山水画,各人三幅直轴,可说是两人朋友关系的公共展示。陈小蝶没看到五十年代陆与翁的情况,而在陈巨来的《安持人物琐忆》中有所记述,两人历尽沧桑,这里不赘述。其实两人始终守在一起,名义上是情人是夫妻已不重要。谷崎润一郎的小说《春琴抄》中的佐助因为春琴失明也戳瞎自己的

陆小曼作品,《良友》1941年2月号

翁瑞午作品,《良友》1941年2月号

双目，两人永远在春光明媚的内心世界里共享纯粹的爱情。翁瑞午固然与佐助不能比，但是对于一个年老色衰的"春梦婆"仍"奉之若神明"，对于这样的情痴，任何香臭妍媸说情说爱也属皮相。所谓"三世情缘"只是个套语，就陆翁而言却是世族、世故的累世积聚所致。走笔至此，笔者禁不住感慨，有道是：

　　江山万里有时尽，
　　但有温情暖人间。

附 录

小 言

徐志摩

我们谁不想早一天庆贺北伐最后的成功？到了革命工作完全贯彻的那一天，他们谁不抵拼发一次狂，欢呼的声音震得破天，欢舞的脚步踹得破地，我们要狂喊，乱跳，为了一个制止不住的欢喜，互相拥抱，快活得直淌眼泪，我们要惊动天上的神道，山林的魅魍，坟墓里的幽灵，一起来参加我们这超轶一切的大祝典。但那一天，说也恼人，还是迟迟的不到。说警惕一点，反抗革命的种种恶势力依旧是毛刺刺的那儿都是，在疆场上对垒的敌军还不是最可厌的一种，但同时前方军事的胜利当然是革命渐次贯彻最不可错误的一个标识，我们不能不感念前方的将士，因为他们的职责是为民众争自由，为民族争光荣，为人道争威严。我们幸生在这大江南北，在今天还能相当的安居乐业，如何能忘却前方的将士们，他们牺牲了腔子里火热的血，替我们买回安全与体面，一方挡住北方的豺狼，一方抵住长江上游蜒下来的毒蟒，享福是我们的，吃苦是他们的。但他们却不怨，因为他们认定了为主义而死是无上的荣誉。我们想想这大热天躲在凉爽的屋子里有电风扇有冰水喝的福人们尚且嚷着难受，他们在前方作战过的又是什么日子？我们怎么能不尽点子心，凭我们力量够得到的，设法去慰劳这些为主义为民众效死力的同志！当然我们不能亲自上战场去抚摩他们的创痍，但至少我们可以用间接的方法对他们表示我们这点子的诚意与心愿。尤其妇女们的慰劳是最切题，因为她们是母，是妻，是人生慰藉唯一的来源，历史上多少伟大的事迹是从女性的灵感得来的？

我们不敢说前方的兵士能因为我们的慰劳得到多少看得见的利益（前方兵士的数目其实是太大了，即使我们能筹到十万的话，他们每人还匀不到半元钱），但我们自信这点子心却是可珍的,只要这点子心到,只要前方的兵士们能多少感到在他们保障下的民众,男子与妇女,为了爱敬与怜念的动机,也曾在这大暑天为他们可能的尽过一点子的心,使他们知道他们的劳苦与英勇永远有我们的同情与感戴,那我们的慰劳会就不是白来的了,我们只盼望这小小的慰劳会,是将来革命成功大祝典的先声,到那时等你们杀贼回来,前敌的将士们,我们再来热烈的欢迎你们,拥抱你们,亲你们,醉饱你们,娱乐你们!

关于此次为慰劳会效力的人,有几句应说的话,得借光这特刊的地位。发起人是应得表彰的,要不是她们的热心与指导,这次大规模的慰劳会是不可能的。关于上次南洋大学游艺大会的始末,另有一册慰劳特刊付印,不须赘述,这册剧艺是专为此次演剧发刊的。

此次演剧最劳苦功高的当然是我们的唐瑛女士。三晚新旧剧艺的表现,都有她的芳踪,说实话我们真是少不了她的芳踪!少奶奶的扇子在上海是曾经演过的,不错,但是谁见过唐瑛的"少奶奶",风流华贵,俊俏流丽,你不见不能想象,你见了不由你不倾倒。而况是唐女士美的还不仅是她的仪态!她的芳姿,她的慧心,她的妙舌,在交际社会上是早经公认的一个奇迹,但是有谁认识她同时又是表现剧艺的隽才?端的别是一番身手,别是一种滋味,素仰唐瑛大名的切莫错过这唯一的机会。

唐女士又在第二晚扮演《牡丹亭》的《拾画叫画》。这戏是小生最吃重的戏,轻易行家都不敢尝试的,但唐女士有的是耐心与勇气,居然能在忽促的期间内出脱这难唱的昆剧,像这样一位梨花身段的俏郎君怎叫杜丽娘能不魂离枕上?

亚于唐小姐最卖力气的要算陆小曼女士。但说到她我似乎应得避嫌疑,因为碰巧,或是碰不巧,她不是外人——她是我的内人嘎!好在她戏唱得怎样随后自有专家指教,不消我来饶舌。她这次演戏,说实话,也真难为她,并不是说她别的,就看她那样的成天生病,本不该劳动的,医生不许,父母踌躇,就是我,看了她每回一练戏就头昏,一上妆就要呕的光景，也未尝不有点儿疼惜她，可是她自告奋勇，说既然答应了，拼命也得给人家做，她身体的不中用，说来你们都不易信，这天又正热，我真的不由得为她捏一把汗哩。下面另有她的一篇自述。

但是小曼虽则爱戏，她可是初次登台，现学现做的，保不定有很多生疏的地方，我们第二晚戏目上的真名家还得推徐老太太。她的昆曲，是早已名满江南，用不着誉扬，只是她这次出演实在是难能得很，因为她向来立定主意是大暑大寒决不出演的。这倒是半亏了小曼的蛮劲，把她老人家半求半逼的居然给拉上了。原来想排《五花洞》，也因为天热赶不及，可是她也顶热心的，在原定《游园》之外又添了一出《扫花》。"她的"，小曼在她的自述里说，"才是真艺术"，我只见过她的《思凡》，但就这一出戏已是使我钦佩到不可以言语形容。有谁怀疑昆曲的非得来看了徐老太太的表演再下评判。

此外的演员也都是杰出的人材，他们的加入都是我们的荣幸，但不幸篇幅所限恕我不能在此处单独给品评了。还有周梓章君的操弦是从陈彦衡学的，轻易也不能请到，这次承他惠然帮忙，我也得在此志谢的。

至于本刊的印行，黄梅生周瘦鹃江小鹣诸位先生都应得居首功的，所有的影片全是黄先生不惮奔波不惮烦的成绩。周先生做了文章，又担任校对。本刊能在四五日的短期内赶印出版，也得志谢周先生为我们特别向大东接头的。封面图案是江先生的，他的手笔是无须夸的。我自己是最懒不过的，要不是小曼在背后不容情的逼着我，这小小的一篇废话都是不易写成的。

七月二十九日

自述的几句话

陆小曼

唱戏是我最喜欢的一件事情，早几年学过几折昆曲，京戏我更爱看，却未曾正式学过。前年在北京，新月社一群朋友为闹新年逼着我扮演一出闹学，那当然是玩儿，也未曾请人排身段，可是看的人和我自己都还感到一些趣味，由此我居然得到了曾串戏的一个名气了，其实是可笑得很，不值一谈。这次上海妇女慰劳会几个人说起唱戏，要我也凑和一天，一来是她们的盛意难却，二来慰劳北伐当得效劳，我就斗胆答应下来了。可是天下事情不临到自己亲身做是不会知道实际困难的；也是我从前看得唱戏太容易了，无非是唱做，那有甚么难？我现在才知道这种外行的狂妄是完全没有根据的。因为我一经正式练习，不是随便不负责任的哼哼儿，就觉得这事情不简单，愈练愈觉着难，到现在我连跑龙套的都不敢轻视了。

演戏决不是易事：一个字咬得不准，一个腔使得不圆，一只袖洒得不透，一步路走得不稳，就容易妨碍全剧的表现，演者自己的自信心，观众的信心，便同时受了不易弥补的打击，真难！简直我看读什么英文法文还比唱戏容易些呢！我心里十分的担忧，真不知道到那天我要怎样的出丑呢。

我选定《思凡》和《汾河湾》两个戏，也有意思的。在我所排过的几出昆戏中要算《思凡》的词句最美，他真能将一个被逼着出家的人的心理形容得淋漓尽致，一气呵成，情文相生，愈看越觉得这真是一篇颠扑不破的美文，他的一字一句都含有颜色，有意味，有关连，决不是无谓的堆砌，决不是浮空的辞藻，真太美了，却也因此表演起来更不容易，我看来只有徐老太太做的完美到无可再进的境界，我只能拜倒！她才是真工夫，才当得起表演艺术，像我这初学，简直不知道做出甚么样子来呢，好在我的皮厚，管他三七二十一，来一下试试。

旧戏里好的真多，戏的原则是要有趣味，有波折，经济也是一个重要条件。

现代好多人所谓的新戏的失败原因是一来蓄意求曲折而反浅薄，成心写实而反不自然，词费更不必说，有人说白话不好，这我不知道。我承认我是一个旧脑筋。这次洪深先生本来想要我做《第二梦》，我不敢答应。因为我对于新戏更不敢随便的尝试，你非要全身精神都用上不可，我近来身体常病，所以我不敢多担任事情了。

《汾河湾》确是个好戏，静中有闹，俗不伤雅。离别是一种情感，盼望又是一种情感，爱子也是一种情感，恋夫又是一种情感，叙会是一种情感，悲伤又是一种情感，这些种种不同的情感，在《汾河湾》这出戏里，很自然的相互起伏，来龙去脉，处处认得分明，正如天上阴晴变化，云聚云散，日暗日丽，自有一种妙趣。但戏是好戏，也得有本事人来做才能显出好戏，像我这样一个未入流的初学，也许连好戏都要叫我做成坏戏,又加天热,我又是个常病的人,真不知道身上穿了厚衣头上戴了许多东西受不受得住呢。没有法子,大着胆,老着脸皮,预备来出丑吧,只好请看戏的诸君包含点儿吧。

请看小兰芬的三天好戏

陆小曼

多谢梅生先生的"鞠躬尽瘁"和别的先生们的好意,我的小朋友小兰芬已然在上海频频百些声名,单就戏码说,她的地位已然进步了不少,此次承上海舞台主人同意特排她三晚拿手好戏,爱听小兰芬戏的可以好好的过一次瘾了。星期一是玉堂春,这场戏在北京唱得极讨好,到上海来还是初演,星期二南天门(和郭少华配的),星期三六月雪带法场,都是正路的好戏。

兰芬的好处,第一是规矩,不愧是从北京来的,论她的本领,喉音使腔以及念白做派,实在在坤角中已是很难能的了,只可怜她因为不认识人,又不会自动出来招呼,竟然在上海舞台埋没了一个多月,这回若不是梅生先生的急公好义,也许到今天上海人还是没有注意到小兰芬这个人的,因此我颇有点感想,顺便说说。

女子职业是当代一个大问题。唱戏应分是一种极正当的职业,女子中不少有剧艺天才的人,但无如社会的成见非得把唱戏的地位看得极低微,倒像一个人唱了戏,不论男女,品格就不会高尚似的。从前呢,原有许多不知自爱的戏子(多半是男的),那是咎由自取不必说他,但我们却不能让这个成见生了根,从此看轻这门职业。今年上海各大舞台居然能做到男女合演,已然是一种进步。同时女子唱戏的本领,也实在是一天强似一天了。我们有许多朋友本来再也不要看女戏的,现在都不嫌了。非但不嫌,他们渐渐觉得戏里的女角儿,非得女人扮演,才能不失自然之致。我敢预言在五十年以后,我们再也看不见梅兰芳、程艳秋一等人,旦角天然是应得女性担任,这是没有疑义的。

《上海画报》1928年4月3日第3版